実践英文法
FOCUS
フォーカス

小池直己 ＋ 佐藤誠司 共著

南雲堂

はじめに

　「英文法」と一口に言っても，その中身はさまざまです。伝統的な英文法解説書は，「文型」「句と節」「名詞」などに始まり，「話法」や「特殊構文」で終わっています。これをすべて暗記するには途方もない労力を要することは言うまでもなく，英語がきらいな，または苦手な皆さんにとっては，何から手をつけてよいのかわからないことでしょう。

　しかし，potatoesとpianosの複数形の違いとか，祈願文の間接話法にはpray（祈る）を用いるとかいった重箱の隅をつつくような知識は，実際の英語の運用とはほとんど無関係です。そんなものを暗記するのに時間を費やすくらいなら，基本動詞を用いるイディオムを1つでも多く覚えたほうが役に立ちます。

　本書では，英語のコミュニケーションに必要な基本知識を，問題を解きながら確認していきます。

　本書の配列は重要と思われる項目の順によっています。設問中，【Aランク】は最も基本的な問いを，【Bランク】は標準的ないしやや高度な問いを示しています。

　 暗記 の印のついた文については，丸暗記するのがベターです。巻末に「暗記用例文一覧」として整理しておいたので，利用するとよいでしょう。 急所 とあるのは，類似表現と関連づけて暗記すべき重要事項です。

著　者

目　次

■第1章　動詞 …………………………………………………………… 8
（1）graduate と marry …8　　（2）give と provide（二重目的語）…9
（3）want と hope（動詞に続く要素—Ⅰ）…10　　（4）finish と decide（動詞に続く要素—Ⅱ）…11　　（5）seat oneself（再帰動詞）…12　　（6）lie と lay（活用・意味がまぎらわしい動詞）…12　　（7）fail ≠「失敗する」（意外な意味をもつ動詞）…13

■第2章　不定詞 ………………………………………………………… 28
（1）不定詞の3用法…28　　（2）＜for＋人＞と＜of＋人＞…29
（3）too と enough…29　　（4）知覚動詞と使役動詞…30　　（5）seem to have + p.p.…31

■第3章　分詞 …………………………………………………………… 44
（1）分詞の限定用法…44　　（2）分詞の叙述用法…45　　（3）分詞構文…46

■第4章　動名詞 ………………………………………………………… 62
（1）finish 型の動詞…62　　（2）that 節と〜ing の書き換え…62
（3）to に続く動名詞…63

■第5章　代名詞 ………………………………………………………… 72
（1）It の用法…72　　（2）oneself を含む慣用表現…73　　（3）this と that…73
（4）one と another・other(s) …74　　（5）some と any…75
（6）so・such と either・neither・none…76　　（7）every と all…76
（8）what と how…77

■第6章　関係詞 ………………………………………………………… 94
（1）関係代名詞の基礎…94　　（2）which と where…95　　（3）＜who＞と＜,who＞…96
（4）who I think と whom I think…96　　（5）what の用法…97
（6）関係詞 as, than…98　　（7）複合関係詞…99

■第7章　前置詞 ………………………………………………………… 110
（1）誤りやすい前置詞…110　　（2）動詞と前置詞の結びつき…111

第8章　接続詞・時制　……142
（1）whileとduring…142　（2）thatの用法…142　（3）重要な接続詞…144
（4）if・when節中の現在形…145　（5）注意すべき時制…146

第9章　形容詞　……160
（1）補語となる形容詞…160　（2）形容詞と前置詞の結びつき…161
（3）用法に注意すべき形容詞…161　（4）necessary型・exciting型の形容詞…162
（5）easy型の形容詞…164

第10章　副詞　……180
（1）too型の副詞…180　（2）用法に注意すべき副詞…181

第11章　比較　……194
（1）比較を含む書き換え…194　（2）注意すべき比較の用法…194
（3）比較を含む慣用表現…195

第12章　助動詞　……210
（1）助動詞の基本的な意味…210　（2）助動詞＋have＋p.p.…211

第13章　受動態　……222
（1）受身文の基本形…222　（2）注意すべき受身文…223

第14章　仮定法　……232
（1）Ifを用いる仮定法とその変形…232　（2）I wishなどとともに用いる仮定法…233

第15章　話法　……240

第16章　名詞・冠詞　……248
（1）単数・複数に注意すべき名詞…248　（2）抽象名詞を用いた書き換え…250
（3）注意すべき冠詞の用法…251

付録──暗記用例文一覧………270
英文索引………281
和文索引………297

実践英文法FOCUS

第1章 動詞

1 graduate と marry（動詞と前置詞）

① **graduate 型の動詞**（他動詞と誤りやすい自動詞）
- ○ I **graduated from** Tokyo University.
- × I graduated Tokyo University.
- （私は東京大学を卒業した）

② **marry 型の動詞**（自動詞と誤りやすい他動詞）
- ○ My sister **married** a foreigner.
- × My sister married with a foreigner.
- （私の姉は外国人と結婚した）

解説 下の3文を前置詞の有無に着目して比較してみよう。
- （ア）He speaks English.（彼は英語を話す）〈speak ＝他動詞〉
- （イ）He talked with Mary.（彼はメアリと話した）〈talk ＝自動詞〉
- （ウ）He goes to high school.（彼は高校に通っている）〈go ＝自動詞〉

他の動詞についても調べてみると，一応次のような対比が見られる。
- （ア）「〜を○○する」＝他動詞＋〜
- （イ）「〜と○○する」＝自動詞＋ with 〜
- （ウ）「〜に○○する」＝自動詞＋ to 〜

しかし，この一般論に当てはまらない動詞が実際にはかなりある。たとえば，
- （ア）の反例：「〜を卒業する」＝ graduate ＋ from 〜 〈graduate ＝自動詞〉
- （イ）の反例：「〜と結婚する」＝ marry 〜 〈marry ＝他動詞〉
- （ウ）の反例：「〜に出席する」＝ attend 〜 〈attend ＝他動詞〉

このように，日本語からの類推で前置詞の有無を判断するのは危険である。一つずつ正確に覚えておこう。

2 give と provide（二重目的語）

- ○ Cows **provide** us **with** milk. 〔暗記〕 （牛は我々に牛乳を供給する）
- ○ Cows **provide** milk **for** us.（　〃　）
- × Cows provide us milk.

解説　下の3組の文を比較してみよう。　　　　　　　　（注）M＝修飾語句

	① S＋V＋O＋O 【人】【物】 ＜第4文型＞	② S＋V＋O＋前置詞＋（人） 【物】 ＜第3文型＞
give （与える）	I gave him some money. S　V　O　　O （私は彼に金を与えた）	I gave some money to him. S　V　　O　　　(M) （私は彼に金を与えた）
buy （買う）	I bought him a bag. S　V　O　O （私は彼にかばんを買ってやった）	I bought a bag for him. S　V　O　(M) （私は彼にかばんを買ってやった）
provide （供給する）	? （ジョンは彼らに食物を与えた）	John provided food for them. S　V　　O　　(M) （ジョンは彼らに食物を与えた）

（1）give・buy については①②の2通りで表現できる。①S＋V＋O＋O（第4文型）で前置詞は不要。②で用いる前置詞は動詞によって決まっており，ふつう to または for である。

（2）一方，**provide** は S＋V＋O＋O の構文をとらない動詞であり，①では ＜provide ＋人＋ with ＋物＞の形をとる。表の「?」の欄に入る文は，

　　John provided them with food.
　　 S　　V　　　O　　　(M)

（注）「（人）に（物）を○○する」というのはあくまで便宜的な言い回しであり，「（物）に（物）を○○する」などの場合にも当てはめてよい。

　・He gave all his books to the library.
　　 S　V　　（物）　　　　　（物）
　　（彼は自分の本を全部図書館へ寄贈した）

3 want と hope（動詞に続く要素―1）

- ○ **I want you to go** with me.
- × I want that you will go with me.
  （君に私といっしょに行ってもらいたい）
- ○ **I hope that** he will attend the party.
- × I hope him to attend the party.
  （彼にパーティーに出席してもらいたい）

解説 主な動詞について，その後に置くことのできる要素をまとめてみよう。（特に×印の形がとれないことに注意）

動詞＼続く要素	＋ to do	＋人＋ to do	＋ that 節	＋人＋ that 節
want	○	○	×	×
hope	○	×	○	×
tell	×	○（命じる）	×	○（言う）
say	×	×	○	×
ask	○	○	○	×
demand	○	×	○	×
promise	○	○	○	○
think	×（考える）	×※	○	×
expect	○	○	○	×

※「think ＋人＋ to be ＋補語」は可能。

＊ demand 型の動詞については p.23・p.233 を参照。

4 finish と decide（動詞に続く要素—II）

① **finish 型の動詞**（V ＋ ing）
 (a) ○ Have you **finished writing** your composition?
   × Have you finished to write your composition?
    （作文は書き終えましたか）

> **解説** この型の動詞は，目的語として to 不定詞をとることができず，動名詞（〜ing）をとる。**finish・enjoy・mind** などがこの型に入る。(p.21 参照)

② **decide 型の動詞**（V ＋ to 不定詞）
 (b) ○ He **decided to go** to France.
   × He decided going to France.（彼はフランスへ行く決心をした）

> **解説** この型の動詞は，目的語として動名詞（〜 ing）をとることができず，to 不定詞をとる。**hope・promise** などこの型の動詞は多数ある。

③ **remember 型の動詞**（V ＋ ing ／ V ＋ to 不定詞）
 (c) I **remember posting** the letter yesterday.
    （私はその手紙を昨日出したことを覚えている）
 (c′) **Remember to post** the letter tomorrow.
    （その手紙を忘れずに明日出しなさい）

> **解説** この型の動詞は，動名詞をとる場合と to 不定詞をとる場合とで意味が異なる。たとえば **remember ＋〜 ing** は「〜したこと［＝過去の行為］を覚えている」の意味であり，**remember ＋ to 不定詞**は「〜すること［＝未来の行為］を覚えておく」の意味である。
>
> cf. { I stopped smoking.（私はたばこをやめた）
>   I stopped to smoke.（私は立ち止まって［手を休めて］一服した）

第1章 Verb 動詞

5 seat oneself（再帰動詞）

○ He **seated himself** on the chair. 🔖暗記
× He seated on the chair.
（彼はいすに座った）

解説 seat は「～を座らせる」という意味をもつ他動詞であり，seat oneself の形で「自分自身を座らせる」→「座る」の意味になる。このように，V＋oneself の形で自動詞の意味を表す動詞を**再帰動詞**と呼ぶ。

（注1）・He devoted himself to his study.（彼は研究に専心した）＜動作＞
　　　・He was devoted to his study.（彼は研究に専心していた）＜状態＞
（注2）次の文はいずれも正しい。
　　　・He overworked himself and got sick.
　　　・He overworked and got sick.
　　　（彼は働きすぎて病気になった）
　　　overeat（食べすぎる）・oversleep（寝すごす）なども同様である。

6 lie と lay（活用・意味がまぎらわしい動詞）

○ She **lay** on the sofa. （彼女はソファーに横になった）
× She laid on the sofa.

解説
① 自動詞・他動詞を誤りやすいもの
{ **lie** 自（横になる） ― lay ― lain ＜現在分詞＝lying＞
　lay 他（横にする） ― laid ― laid ＜現在分詞＝laying＞
{ **rise** 自（上がる） ― rose ― risen
　raise 他（上げる） ― raised ― raised

② 活用がまぎらわしいもの

　　wind（巻く / うねる） ─ wound ─ wound
　　wound（傷つける） ─ wounded ─ wounded
　（注）発音は，上段が [waind] [waund] [waund]。下段は [wu:nd] [wú:ndid] [wú:ndid]

　　fly（飛ぶ） ─ flew ─ flown
　　flow（流れる） ─ flowed ─ flowed

7 fail ≠「失敗する」（意外な意味をもつ動詞）

Words failed me.（私は言葉が出なかった）

解説　fail は他動詞として「～の役に立たない」の意味に用いる。
〈例〉　Her English failed her.（彼女の英語は通じなかった）

このように，最も一般的な意味のほかに，見落としやすい特別な意味を持つ語に注意。

同様に，日本語の感覚で使うと誤りになる動詞もある。

　急所「電話を借りる」は borrow ではない。

・May I **use** your telephone? ＜borrow は誤り＞
　（電話をお借りできますか）
・Will you **tell** me the way to the station？ ＜teach は誤り＞
　（駅へ行く道を教えてもらえますか）
・You had better **take** this medicine. ＜水薬なら drink も可＞
　（この薬を飲んだ方がよい）
・I **rent** the room at 200 dollars a month. ＜borrow は誤り＞
　（私はその部屋を月200ドルで借りている）

第1章 Verb 動詞

1 次の各文の（　）内に必要があれば適当な前置詞を入れなさい。不要なら×を記入しなさい。

【A ランク】

① My sister married (　　　) a lawyer.

② My sister got married (　　　) a lawyer.

③ I will discuss (　　　) the problem with him.

④ The teacher entered (　　　) the classroom.

⑤ I graduated (　　　) college three years ago.

⑥ He leaves (　　　) Tokyo for Osaka tomorrow.

⑦ We reached (　　　) the hotel in the evening.

⑧ I hope (　　　) a good crop this year.

⑨ Please explain (　　　) me the meaning of this sentence.

⑩ I'll suggest (　　　) him that he should give up smoking.

⑪ Bees provide us (　　　) honey.

⑫ Bees provide honey (　　　) us.

⑬ Will you help me (　　　) my homework?

第1章 動詞 Verb

① 「姉は弁護士と結婚した」 **marry** 〜＝〜と結婚する

② 「姉は弁護士と結婚した」 **get married to** 〜＝〜と結婚する
　　cf. My sister was married to a lawyer.　＊married は形容詞
　　　（姉は弁護士と結婚していた／結婚した）

③ 「私は彼とその問題について議論するつもりだ」 **discuss** 〜＝〜を議論する

④ 「先生は教室に入った」 **enter** 〜＝〜に入る

⑤ 「私は3年前大学を卒業した」 **graduate from** 〜＝〜を卒業する

⑥ 「彼は明日大阪へ向けて東京を発つ」 **leave** 〜＝〜を発つ
　　cf. He starts from Tokyo for Osaka tomorrow.

⑦ 「我々は夕方ホテルに着いた」 **reach** 〜＝〜に着く
　　cf. We { arrived at / got to } the hotel in the evening.

⑧ 「今年は豊作になってほしいと願っている」 ＜**hope**・**wish** ＋ **for** ＋名詞＞
　　cf. I wish for world peace.

⑨ 「私にこの文の意味を説明してください」 ＜**explain** ＋ **to** ＋人＋物＞
　　＊＜explain ＋人＋物＞の二重目的語をとる形はない。＜explain ＋物＋ to ＋人＞は可能。この形から、＜to ＋人＞が前方へ移動すると左の文ができる。

⑩ 「私は彼に禁煙を勧めようと思う」 ＜**suggest**・**propose** ＋ **to** ＋人＞

⑪ 「みつばちは我々にはちみつを与えてくれる」 ＜**provide** ＋人＋ **with** ＋物＞

⑫ 「みつばちは我々にはちみつを与えてくれる」 ＜**provide** ＋物＋ **for** ＋人＞

⑬ 「宿題を手伝ってくれませんか」 ＜**help** ＋人＋ **with** ＋物＞

＜答＞ ① × ② to ③ × ④ × ⑤ from ⑥ × ⑦ × ⑧ for ⑨ to
　　　 ⑩ to ⑪ with ⑫ for ⑬ with

【Bランク】

⑭ You resemble (　　　) my brother.
⑮ You have to apologize (　　　) him for your fault.

⑯ We approached (　　　) the town.
⑰ He mentioned (　　　) the accident to us.
⑱ He went on (　　　) his work.

⑲ We should obey (　　　) the law.
⑳ I envy you (　　　) your good health.
㉑ She survived (　　　) her husband by five years.
㉒ We all attended (　　　) the party.
㉓ Computers save us (　　　) a lot of time and trouble.

㉔ They blamed him (　　　) his failure. 暗記

⑭ 「君は僕の弟に似ている」 resemble 〜＝〜に似ている
⑮ 「君は自分の過失を彼にわびなければならない」
　　apologize to ＋人＋ for ＋事柄＝〜に〜をわびる
⑯ 「我々はその町に近づいた」 approach 〜＝〜に近づく
⑰ 「彼はその事故について我々に話した」 mention 〜＝〜について述べる
⑱ 「彼は仕事を続けた」 go on ＋ with ＋名詞＝〜を続ける
　　　cf.　He went on working.
⑲ 「我々は法律に従うべきだ」 obey 〜＝〜に従う
⑳ 「君の健康がうらやましい」 envy ＋人＋物＝〜の〜をうらやむ
㉑ 「彼女は夫より5年長生きした」 survive ＋人＝〜より長生きする
㉒ 「我々はみなそのパーティーに出席した」 attend 〜＝〜に出席する
㉓ 「コンピューターは我々から多くの時間と手間を省いてくれる」 save ＋人＋物＝〜から〜を省く
㉔ 「彼らは彼の失敗を責めた」

> **急所** blame 型の動詞（賞罰の動詞）
>
> 　　人の行為などに対して「ほめる」「しかる」などの意味を持つ動詞は，たとえば［blame ＋人＋ for ＋行為］の形をとる。
> ・They praised him for his honesty.
> 　（彼らは彼の正直さをほめた）
> ・I punished him for cheating.
> 　（私は彼がカンニングしたのを罰した）
> ・I scolded them for being idle.
> 　（私は彼らがなまけていたのでしかった）
> ・She thanked me for coming.
> 　（彼女は私が来たことに感謝した）
> 　他に excuse・forgive（許す）などもこの型に入る。

＜答＞　⑭ ×　⑮ to　⑯ ×　⑰ ×　⑱ with　⑲ ×　⑳ ×　㉑ ×　㉒ ×
　　　㉓ ×　㉔ for

第1章 Verb 動詞

2 次の各組の中から，文法的にみて正しい文を1つずつ選びなさい。

【Aランク】

1. ⓐ He said that his mother was ill.
   ⓑ He told that his mother was ill.
   ⓒ He spoke that his mother was ill.
   ⓓ He talked that his mother was ill.

2. ⓐ I want that you will go with me.
   ⓑ I hope that you will go with me.
   ⓒ I ask you that you will go with me.
   ⓓ I make that you will go with me.

3. ⓐ I want you to go with me.
   ⓑ I hope you to go with me.
   ⓒ I think you to go with me.
   ⓓ I make you to go with me.

4. ⓐ What made him to change his mind?
   ⓑ What let him to change his mind?
   ⓒ What caused him to change his mind?
   ⓓ What had him to change his mind?

5. ⓐ I saw a boy to cross the street.
   ⓑ I heard a baby to cry.
   ⓒ I made him to quit drinking.
   ⓓ I got him to quit drinking.

1. ⓑは＜ tell ＋人＋ that ～＞の形をとる。たとえば He told me that ～なら正しい。

　　ⓒは speak loudly（大声で話す）・speak English（英語を話す）などの形でしか用いない。

　　ⓓ talk はふつう「話し合う」という意味の自動詞として用いる。

2. ⓐは I want you to go with me. が正しい。

　　ⓒは「頼む」の意味なら ask you to go ～の形になる。「尋ねる」の意味なら，たとえば ask you if ～のようにする。

　　ⓓは使役動詞として make を使うなら make you go ～とする。

3. ⓑは I hope that you will go with me. が正しい。

　　ⓒは I think that you will go with me. が正しい。

　　ⓓは to が不要。

4.「何が彼の心を変えさせたのか」

　　ⓐⓑⓓの to は不要。ⓒの **cause ＋目的語＋ to 不定詞**（～が～する原因となる）の形は正しい。

5. ⓐⓑⓒの to は不要。

　　ⓓは「私は彼に酒をやめさせた」の意味で，使役の get は **get ＋目的語＋ to 不定詞**（～に～させる）の形で用いる。

> **急所 使役動詞（～に～させる）**
> ① make［let・have］＋O＋原形
> ② get［cause］＋O＋ to do
> ＊force（むりやり～させる）・allow（許す）など②の形をとる動詞は多い。

＜答＞　1. ⓐ　2. ⓑ　3. ⓐ　4. ⓒ　5. ⓓ

第1章 Verb 動詞

6. ⓐ Would you mind to open the window ?
   ⓑ I have decided to move to the country.
   ⓒ I have finished to read the book.
   ⓓ Avoid to cross the street here.

7. ⓐ I remember to see that man few days ago.
   ⓑ I remember calling on you tomorrow.
   ⓒ I shall never forget to see her at the party last night.
   ⓓ I'm sorry I forgot to post the letter yesterday.

8. ⓐ As long as we live, our hearts never stop to beat.
   ⓑ I could not help to ask her the reason.
   ⓒ I don't want to be talked about.
   ⓓ My shoes want to mend.

6．ⓐⓒⓓは to 不定詞を〜 ing に変える必要がある。

> **急所** finish 型の動詞（〜 ing をとる）
> finish ・ enjoy ・ mind ・ avoid ・ give up
> （終える）（楽しむ）（気にする）（避ける）（あきらめる）

7．ⓐ「私はあの男に２，３日前会ったことを覚えている」で to see → seeing。
ⓑ は「私は明日君をたずねることを覚えている［忘れずにたずねる］」で calling → to call。
ⓒⓓ の forget も remember と同様で，ⓒ は「会ったことを忘れない」だから to see → seeing。ⓓ に注意。「**行うべき**［＝**未来の**］**行為をし忘れた**」ときは，**forgot ＋ to 不定詞**である。ⓓ でもし to post → posting とすると，「私はきのう手紙をポストに入れた［過去の行為］ことを忘れていてすいません」というナンセンスな文になる。

8．ⓐ は「生きている限り，我々の心臓は鼓動することを決してやめない」で to beat → beating。stop ＋ to 不定詞は「〜するために立ち止まる」。
ⓑ は cannot help 〜 ing（〜せざるを得ない）だから to ask → asking。
この形の help は avoid の意味で，「〜することを避けられない」が直訳。help ［＝ avoid］の後には〜 ing がくる。
ⓒ は「私は自分について話される［うわさ話をされる］ことを望まない」
ⓓ は to mend → mending が正しい。

> **急所** want to do と want 〜 ing
> ・I **want to repair** this watch.（私はこの時計を修理したい。）
> ・This watch **wants repairing**.（この時計は修理する必要がある。）
> 　＝ This watch **needs repairing**. **暗記**
> 　＝ This watch **needs to be repaired**.
> ＊This watch wants to be repaired. は誤り。「この時計は修理されたがっている」になってしまう。
> ＊米語ではふつう want よりも need を使う。

＜答＞　6．ⓑ　7．ⓓ　8．ⓒ

第1章 Verb 動詞

【Bランク】

9. ⓐ I demanded him to pay the money.
　　ⓑ I advised him to pay the money.
　　ⓒ I insisted him to pay the money.
　　ⓓ I suggested him to pay the money.

10. ⓐ I succeeded to solve the problem.
　　ⓑ He never fails to keep his promise.
　　ⓒ How did you become to like her?
　　ⓓ She allowed to enter the room.

11. ⓐ I said him that I was busy.
　　ⓑ I asked him that he was busy.
　　ⓒ I thought him that he would attend the meeting.
　　ⓓ I promised him that I would call on him.

12. ⓐ He seated on the chair.
　　ⓑ He absented from the party.
　　ⓒ He was absent from the party.
　　ⓓ He presented at the party.

9．ⓐⓒⓓは「動詞＋ that 節」の形に変える必要がある。

> 急所 **demand 型の動詞**（要求・提案などを表す）
>
> S ＋ { **demand**（要求する）／**suggest**（提案する）／**insist**（強く言い張る）／**advise**（忠告する）} ＋ **that** S （**should**）＋ 原形
>
> ＊従属節中の動詞が原形になることに注意。＜ p.233 参照＞
> 〈例〉I demanded that he <u>pay</u> the money. 暗記
> ［時制の一致を受けない。3 単現の s もつかない］
> ＊上の 4 つの動詞のうち，**V ＋目的語＋ to 不定詞**の形がとれるのは advise のみ。

10． ⓐ は I <u>succeeded in solving</u> ～ . が正しい。
ⓑ の fail は，<u>fail in ～ ing</u>（～に失敗する）のほか，fail ＋ to 不定詞（～できない）の形もある。**never fail to ～**（必ず～する）は必須。
ⓒ **become ＋ to 不定詞**の形はない。「～するようになる」は **come ＋ to 不定詞** または **learn ＋ to 不定詞**で表す。
ⓓ の allow は，**allow ＋人＋ to do**（～が～するのを許す）の形で使う。

11． ⓐ は said を told に変える必要がある。say は間接話法には用いない。
ⓑ は that を if に変えれば「忙しいですか，と私は彼にたずねた。」となり，正しい。
ⓒ は him がよけいである。
ⓓ は I promised him to call on him. でもよい。

12． ⓐⓑⓓは動詞の後に himself が必要。たとえば ⓑ の absént は「～を欠席させる」という他動詞で，**absent oneself** の形で「欠席する」になる。
ⓒ の ábsent は形容詞。ⓓ は presént oneself（出席する）である。

＜答＞　9．ⓑ　10．ⓑ　11．ⓓ　12．ⓒ

Verb 動詞

3 次の各文の（　　）内から正しい語を選びなさい。

【Aランク】

1. ⓐ Prices have (raised / risen) recently.
   ⓑ My salary was (raised / risen) a little.
2. ⓐ He (lay / laid) on the bench.
   ⓑ He (lay / laid) his hand on my shoulder.
   ⓒ I feel like (lying / laying) on the bed. 暗記
   ⓓ I have (laid / lain) in bed with a headache today.
3. ⓐ The road (winds / wounds) up the hill.
   ⓑ He (wound / wounded) up his watch.
   ⓒ He was badly (wound / wounded) in the war.

【Bランク】

4. ⓐ We (flied / flew) from Tokyo to London.
   ⓑ Lots of water has (flowed / flown) over the dam.
5. A new hospital was (found / founded) in the town.
6. Brazil (won / defeated) England at soccer.
7. He was (died / killed) in the accident.
8. May I (borrow / use) the bathroom?
9. Many foreigners have (immigrated / emigrated) into Japan.

第 1 章　動　詞　**Verb**

1. ⓐ「物価は最近上がっている」　ⓑ「私の給料は少し上がった」
　　ⓑでは「上げられた（be raised）」という受動態になる。
2. ⓐ「彼はベンチに横になった」
　ⓑ「彼は私の肩に手を置いた」
　ⓒ「ベッドに横になりたい気分だ」
　ⓓ「今日は頭痛でずっと寝ていた」
3. ⓐ「道はうねうねと山腹を上っている」
　ⓑ「彼は時計のねじを巻いた」
　ⓒ「彼はその戦争で重傷を負った」

4. ⓐ「我々は東京からロンドンへ飛んだ」
　ⓑ「大量の水がダムからあふれ出した」
5. 「その町に新しい病院が設立された」
　　＊**found**（設立する）— **founded** — **founded**
6. 「ブラジルがサッカーでイングランドに勝った」
　　＊「～を負かす」は defeat［beat］。**win** の後には **a game**［**race・prize**］などがくる。
7. 「彼はその事故で死んだ」
　　＊**人災**（事故・戦争など）で死ぬときは **be killed** を用いることが多い。die は自動詞だから受動態にできない。
8. 「トイレを借りてもいいですか」
　　＊borrow だとトイレを持って行ってしまうことになる。
9. 「多くの外国人が日本へ移住してきた」
　　＊immigrate［外から中へ］⇔ emigrate［中から外へ］。import（輸入する）と export（輸出する）も同様である。

<答>　1. ⓐ risen　ⓑ raised　2. ⓐ lay　ⓑ laid　ⓒ lying　ⓓ lain
　　　3. ⓐ winds　ⓑ wound　ⓒ wounded　4. ⓐ flew　ⓑ flowed
　　　5. founded　6. defeated　7. killed　8. use　9. immigrated

第1章 Verb 動詞

4 次の各グループの文の（　）内に下から適当な語を選んで入れなさい。

【Aランク】

1. Her new dress (　　) her very well.
2. I can't (　　) your smoking.
3. I hope to (　　) a peaceful life.

4. How (　　) he did such a thing?
5. We can't (　　) your demands.
6. Please (　　) me to your mother.　暗記

7. "When is it convenient for you?"　"Any time will (　　)."

8. My tongue (　　) me.

   ⓐ come　　ⓑ becomes　　ⓒ stand　　ⓓ do
   ⓔ remember　ⓕ failed　　ⓖ lead　　ⓗ meet

【Bランク】

9. Honesty doesn't (　　).
10. This good weather will (　　) for a few days.
11. Please (　　) me the knife on the table.
12. To (　　) it clearly, their plan was a failure.
13. Anger (　　) them to violence.
14. This player is short, as pitchers (　　).
15. He (　　) at the sight of a snake.
16. What (　　) is the quality of our life.

    ⓘ put　　ⓙ go　　ⓚ drove　　ⓛ started
    ⓜ reach　ⓝ pay　　ⓞ last　　ⓟ counts

第1章 動詞 **Verb**

1. 「彼女の新しいドレスはよく似合っている」become ＝～に似合う
2. 「私は君がたばこをすうのをがまんできない」stand ＝耐える
3. 「私は平和な生活を送りたい」
　　　lead［live］a ～ life ＝～な生活を送る
4. 「どうして彼はそんなことをしたのか」How come ～？＝なぜ
5. 「我々は君たちの要求に応じられない」meet ＝（要求などに）応じる
6. 「お母さんによろしく」
　　　remember me to ～＝ say hello to ～＝～によろしく
7. 「都合がいいのはいつですか」—「いつでもけっこうです」
　　　do ＝間に合う
8. 「私は口がきけなかった」fail ＝～の役に立たない

9. 「正直は割に合わない」pay ＝割に合う
10. 「この好天は2, 3日続くだろう」last ＝続く
11. 「テーブルの上のナイフを取ってください」reach ＝手渡す
12. 「はっきり言えば，彼らの計画は失敗だった」put ＝述べる
13. 「怒りのあまり彼らは乱暴した」drive ＝駆り立てる
14. 「この選手はピッチャーとしては背が低い」as ～ go ＝～としては
15. 「彼はへびを見てとび上がった」start ＝驚いてとび上がる
16. 「大切なのは我々の生活の質だ」count ＝重要である（matter）

＜答＞　1. ⓑ　2. ⓒ　3. ⓖ　4. ⓐ　5. ⓗ　6. ⓔ　7. ⓓ　8. ⓕ　9. ⓝ　10. ⓞ
　　　11. ⓜ　12. ⓘ　13. ⓚ　14. ⓙ　15. ⓛ　16. ⓟ

第2章 Infinitive 不定詞

1 不定詞の3用法

(a) **To give up** smoking is not easy. 〔名詞用法〕
（禁煙することはやさしくない）

(b) Give me something cold **to drink**. 〔形容詞用法〕
（何か冷たい飲み物をください）

(c) He went to Germany **to study** philosophy. 〔副詞用法〕＜目的＞
（彼は哲学を研究するためにドイツへ行った）

> **解説** 特に副詞用法のさまざまな意味に注意しよう。 暗記
>
> ・He awoke to find himself famous. ＜結果＞
> （彼は目覚めてみると有名になっていた）
>
> ・To hear her sing, you might take her for a young girl. ＜仮定＞
> （彼女が歌うのを聞けば，若い娘だとあなたは思うかもしれない）
>
> ・He cannot be a gentleman to do such a thing. ＜判断の根拠＞
> （そんなことをするなんて彼は紳士のはずがない）
>
> ・They were surprised to see me safe. ＜感情の原因＞
> （私が無事なのを見て彼らは驚いた）

2 ＜for ＋人＞と＜of ＋人＞（不定詞の意味上の主語）

（a） I expect **him** to come by five o'clock.
（彼は5時までに来ると思う）

（b） It is difficult **for you** to solve the problem.
（君がその問題を解くことはむずかしい）

（c） It was careless **of him** to leave his camera in the train.
（彼がカメラを列車に置いてきたのは不注意だった）

解説 （a）の him は不定詞（to come）の意味上の主語である。同様に（b）では for you が to solve の意味上の主語であるが, 似た形の（c）は次のように（b）とは構造が異なる。

（b） It is difficult / for you to solve the problem.
　　　　　　　　　　　　　　　　　　（名詞用法）

（c） It was careless of him / to leave his camera in the train.
（＝ He was careless）　　　　　　　（副詞用法）

一般に, 形容詞が**行為者の性格を表す**ときは, of ＋人を用いる。

急所　「of ＋人」をとる形容詞

It is { careless・kind・nice / foolish・wise・polite など } of ＋人＋ to 不定詞

3 too と enough （不定詞を含む書き換え）

（a） The bag is **so** heavy **that** Mary **can't** carry it.

（a'） The bag is **too** heavy **for** Mary **to** carry it.
（そのかばんは重すぎてメアリーには運べない）

(b) The bag is **so** light **that** Mary **can** carry it.
(b′) The bag is light **enough for** Mary **to** carry it.　💭暗記
（そのかばんは軽いのでメアリーでも運べる）

解説　(a)　so ～ that ... can't ～ ＝（a′）too ～（for ...）to ～
　　　　(b)　so ～ that ... can　 ～ ＝（b′）～ enough（for ...）to ～
文尾の it の有無に注意。(a′)(b′)では文全体が一組の S＋V に支配されており，主語の the bag が carry の目的語を兼ねることができる。一方 (a)，(b) では，that を境にして 2 組の S＋V ができるため，後の S＋V（節）中に「かばん」を表す語（＝ it）が必要になる。

4 知覚動詞と使役動詞（原形不定詞の用法）

(a) I **saw** a boy **cross** the street.　💭暗記
（男の子が通りを横切るのが見えた）
(b) He **made** them **work** till late at night.
（彼は夜遅くまで彼らを働かせた）

解説　原形不定詞（to のない不定詞）は主に次の場合に用いる。

🔶**原形不定詞をとる動詞**

(a)　知覚動詞 (see・watch / hear・listen to / feel など) ＋目的語＋原形不定詞

(b)　使役動詞（make・let・have）＋目的語＋原形不定詞
（注）ただし，これらの文を**受動態にすると不定詞に to がつく**。（→ p.223参照）
　(a′) A boy **was seen to cross** the street（by me）.
　　　（男の子が通りを横切るのが見られた）
　(b′) They **were made to work** till late at night by him.
　　　（彼らは彼によって夜遅くまで働かされた）

第2章　不定詞　Infinitive

5　seem to have ＋ p.p.（完了不定詞の用法）

（a）He **seems to be** rich.〔＝ It **seems** that he **is** rich.〕（彼は金持ちらしい）
（b）He **seems to have been** rich. 〔暗記〕〔＝ It **seems** that he **was** rich.〕
　　（彼は以前は金持ちであったらしい）
（c）He **seemed to be** rich.〔＝ It **seemed** that he **was** rich.〕
　　（彼は金持ちであるらしかった）
（d）He **seemed to have been** rich.〔＝ It **seemed** that he **had been** rich.〕
　　（彼は以前は金持ちであったらしかった）

解説　seem と be という2つの動詞の時制を図示すると下のようになる。

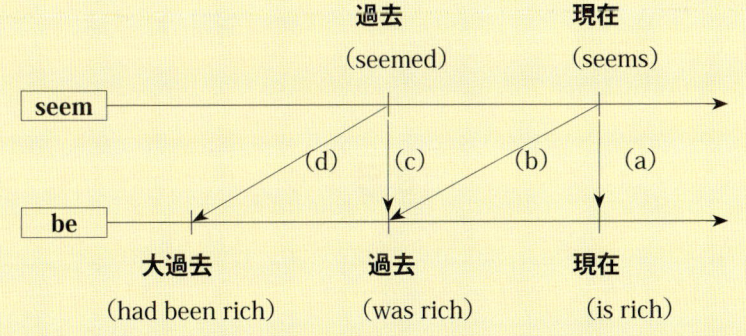

	大過去	過去	現在
seem		(seemed)	(seems)
be	(had been rich)	(was rich)	(is rich)

（d）→過去　（c）→過去　（b）→現在　（a）→現在

（b）の文は，「今の彼を見ると，以前は金持ちだったらしい」という意味だから，
・He seems to was rich.（×）
と書きたいところだが，to was という形は許されない。そこで「述語動詞から見た過去」を表す **have ＋ p.p.** という形（have been）を用いる。（d）の場合も同様である。

（注1）これと同じ考え方で用いる have ＋ p.p. については，p.48・63・211を参照。
（注2）to have ＋ p.p. が**述語動詞から見た現在完了**を示すこともある。
　　・It seems that he has finished his work.
　　→　He seems to have finished his work.
　　（彼は仕事を終えているようだ）

第2章 Infinitive 不定詞

5 次の各組の [ ] 内に与えられた語を並べかえて，下の日本文に相当する英文を完成しなさい。ただし，[ ] 内には1つずつ不要な語が含まれています。

【A ランク】

1. It [you / that / solve / for / is / to / difficult] the problem.
   「君がその問題を解くのはむずかしい」
2. He thinks [a / be / that / himself / genius / to]. 暗記
   「彼は自分が天才だと思っている」
3. It was [for / to / of / careless / him / make] such a mistake.
   「そんな間違いをするとは彼は不注意だった」
4. I waited [to / for / of / return / her].
   「私は彼女の帰りを待った」
5. I would [me / for / to / you / like / help].
   「私は君に手伝ってもらいたい」

【B ランク】

6. There is no reason [to / of / for / him / you / dismiss].
   「彼が君を解雇する理由は何もない」
7. We [to / for / are / come / spring / hope / anxious].
   「我々は春が来るのを待ち望んでいる」
8. It is kind [to / for / of / me / you / parcel / this / carry / it].
   「この荷物を運んでくださるとはありがたい」
9. I think [you / understand / to / impossible / are / for / it] it.
   「君にはそれを理解することはできないと思う」

1. 意味上の主語が＜ for ＋人＞

2. 意味上の主語は himself。＜ think ＋ O ＋（to be）＋ C ＞で「OがCであると思う」。

3. careless は性格を表す形容詞だから，＜ of ＋人＞を後に置く。

4. wait for ＋人（～を待つ）→ wait for ＋人＋ to 不定詞（～が～するのを待つ）

5. would like ＋ to 不定詞 → would like ＋人＋ to 不定詞
   ＜＝ want ＞　　　　　＜＝ want ＞
   （～したい）　　　（…に～してもらいたい）

6. 「～の理由」＝ the reason for ～

7. be anxious for ～（～を待ち望む）の形に不定詞がついたもの。

8. kind の後は of you となる。（→ p.29参照）

9. you are impossible to ～は誤り。（→ p.162参照）

<答> 1. It is difficult for you to solve the problem.　2. He thinks himself to be a genius.
3. It was careless of him to make such a mistake.　4. I waited for her to return.
5. I would like you to help me.　6. There is no reason for him to dismiss you.
7. We are anxious for spring to come.　8. It is kind of you to carry this parcel for me.
9. I think it impossible for you to understand it.

第2章 Infinitive 不定詞

6 次の各組の文意がほぼ同じになるように，（　）内に適語を入れなさい。

【A ランク】

1. ⓐ She was so kind that she lent me lots of money.
   ⓑ She was (　　　) (　　　) to lend me lots of money.
   ⓒ She was so kind (　　　) (　　　) lend me lots of money.
   ⓓ It was kind (　　　) (　　　) to lend me lots of money.

2. ⓐ He was too excited to sleep.
   ⓑ He was so excited (　　　) he (　　　) not sleep.

3. ⓐ The room is so small that we can't live in it.
   ⓑ The room is (　　　) small (　　　) (　　　) to live in.

4. ⓐ He bought the land to build his house.
   ⓑ He bought the land in (　　　) to build his house.
   ⓒ He bought the land so (　　　) to build his house.
   ⓓ He bought the land (　　　) (　　　) he could build his house.
   ⓔ He bought the land for the (　　　) of building his house.
   ⓕ He bought the land with a (　　　) to building his house.

5. ⓐ All you have to do is to obey my orders. 暗記
   ⓑ You (　　　) (　　　) (　　　) obey my orders.

6. ⓐ I never expected that I would meet him there.
   ⓑ He was the (　　　) man I expected to meet there. 暗記

第2章　不定詞　Infinitive

1．「彼女は親切にも私に多額の金を貸してくれた」

2．「彼はあまりに興奮して眠れなかった」

3．「その部屋は狭すぎて我々には住めない」

4．「彼は自分の家を建てるためにその土地を買った」

　　急所 so ～ as to と so as to など（「結果」と「目的」）

　　① I got up so early $\begin{cases} \text{as to catch the train.} \\ \text{that I could catch the train.} \end{cases}$

　　　　（私は大変早く起きたのでその列車に間に合った）［結果］
　　　　＊ so early as to catch は「間に合うほど早く」［程度］とも解せる。

　　② I got up early, so that I caught the train.
　　　　（私は早く起きた。だからその列車に間に合った）［結果］

　　③ I got up early $\begin{cases} \text{so as to catch the train.} \\ \text{so that I might [could] catch the train.} \end{cases}$ 暗記

　　　　（私はその列車に間に合うように早く起きた）［目的］

5．「君は私の命令に従いさえすればよい」

　　急所 All 人 have to do is (to)～. ＝ 人 have only to ～（～しさえすればよい）

6．「そんなところで彼に会うとは思ってもみなかった」

　　the last ＝「最も～しそうにない」

　　　（類例）He is the last man to tell a lie.

　　　　（彼は決してうそをつかない人だ）

<答>　1．ⓑ kind, enough／ⓒ as, to／ⓓ of, her　2．that, could
　　　3．too, for, us
　　　4．ⓑ order／ⓒ as／ⓓ so, that／ⓔ purpose／ⓕ view
　　　5．have, only, to　6．last

第2章 Infinitive 不定詞

7. ⓐ It seems that he was late for the train.
   ⓑ He seems to (　　) (　　) late for the train.
8. ⓐ It seemed that there was no one in the room.
   ⓑ There seemed (　　) (　　) no one in the room.
9. ⓐ It is said that he put up at this hotel.
   ⓑ He is said (　　) (　　) put up at this hotel.
10. ⓐ We expected that he would invite us.
    ⓑ We expected (　　) (　　) invite us.

【Bランク】

11. ⓐ To hear him speak English, you will take him for an American.
    ⓑ (　　) you hear him speak English, you will take him for an American.
12. ⓐ He studied hard, but failed the examination.
    ⓑ He studied hard (　　) to fail the examination.
13. ⓐ It would be better for you to follow his advice.
    ⓑ You (　　) (　　) follow his advice.
14. ⓐ No cloud was to be seen in the sky.
    ⓑ No cloud (　　) be seen in the sky.
15. ⓐ He pretended that he did not know the man.
    ⓑ He pretended (　　) (　　) know the man.
16. ⓐ It seems that the chairman did not read the paper.
    ⓑ The chairman (　　) seem (　　) (　　) read the paper.
17. ⓐ It goes without saying that he is an honest man.
    ⓑ (　　) to say, he is an honest man.

第2章　不定詞　**Infinitive**

7．「彼は列車に遅れたらしい」

8．「その部屋には誰もいないようだった」

9．「彼はこのホテルに泊まったと言われている」

10．「我々は彼が招待してくれるものと期待していた」
   ＊＜ expect ＋O＋ to 不定詞＞で，him が意味上の主語。

11．「彼が英語を話すのを聞けば，君は彼をアメリカ人とまちがえるだろう」
   ＊＜仮定＞の副詞用法。（p.28 参照）

12．「彼は一所懸命に勉強したが，試験に失敗した」＜結果＞の副詞用法。
   ＊… only to ～＝…したが結局～に終わった

13．「君は彼の忠告に従う方がよい」
   ＊It would be better for ＋人＋ to do ＝人 had better ＋原形（～する方がよい）

14．「空には雲ひとつ見えなかった」
   ＊be ＋ to 不定詞＝＜可能＞を表す。

15．「彼はその男を知らないふりをした」
   ＊**不定詞の否定形**＝ not ＋ to **不定詞**

16．「議長はその書類を読まなかったらしい」

17．「彼が正直な男であることは言うまでもない」
   ＊It goes without saying that ～＝ Needless to say, ～
                                （～は言うまでもない）

＜答＞　7．have, been　8．to, be　9．to, have　10．him, to　11．If　12．only
　　　13．had, better　14．could　15．not, to　16．doesn't, to, have　17．Needless

第2章 Infinitive 不定詞

7 次の各組の中から，文法的に正しい文を1つずつ選びなさい。

【A ランク】

1. ⓐ I heard them to speak ill of you.
   ⓑ He had his teacher correct his composition.
   ⓒ We'll get him go with us.

2. ⓐ He was seen to enter the room.
   ⓑ The teacher made him to read the book aloud.
   ⓒ Please let me to know your telephone number.

3. ⓐ I could not but to laugh to hear it.
   ⓑ I would rather stay at home than go for a walk.
   ⓒ She did nothing but to cry.

4. ⓐ I have no house to live.
   ⓑ You had better to take a taxi.
   ⓒ Would you help me find my glasses?

第2章 不定詞 Infinitive

1. ⓐ 「私は彼らが君の悪口を言うのが聞こえた」＊to が不要。
   ⓑ 「彼は先生に作文を直してもらった」＊使役の have。
   ⓒ 「彼に我々といっしょに行ってもらおう」＊＜使役の get＋目的語＋to 不定詞＞だから go → to go。

2. ⓐ 「彼は部屋に入るところを見られた」＊受動態だから to enter でよい。
   ⓑ 「先生は彼に本を音読させた」＊to が不要。
   ⓒ 「私に君の電話番号を教えてください」＊to が不要。

3. ⓐ 「私はそれを聞いて笑わずにいられなかった」＊to laugh の to が不要。
   　急所 **cannot but ＋原形＝ cannot help ～ ing**（～せざるをえない）
   ⓑ 「私は散歩に出かけるよりむしろ家にいたい」
   　would rather A than B ＝ B よりむしろ A したい
   ⓒ 「彼女はただ泣くばかりであった」＊to が不要。
   　do nothing but ＋原形＝～するばかりだ

4. ⓐ 「私には住む家がない」
   　I have no house to live in. 暗記
   　　＊『その中に住むための家』だから，文尾に in が必要。
   ⓑ 「君はタクシーを拾う方がよい」
   　　＊had better は助動詞だから to は不要。
   ⓒ 「めがねをさがすのを手伝ってくれませんか」
   　　＊＜ help ＋目的語＋ to do ＞の to は省略できる。

＜答＞　1. ⓑ　2. ⓐ　3. ⓑ　4. ⓒ

第2章 Infinitive 不定詞

【Bランク】

5. ⓐ I need a friend to talk about the matter.
   ⓑ I had my daughter died last year.
   ⓒ I think it natural for him to be angry.

6. ⓐ All I could do was wait for my father's return.
   ⓑ He was not enough rich to buy a car.
   ⓒ He made me waiting outside.

7. ⓐ You will soon become to like this town.
   ⓑ I hope him to get well soon.
   ⓒ He is so careful as not to make such a mistake.

第2章　不定詞　**Infinitive**

5．ⓐ　「私にはその問題について話し合うための友人が必要だ」
　　　＊talk about the matter with a friend だから，文尾に with が必要。
　　ⓑ　「私は昨年娘に死なれた」
　　　＊died は原形の die が正しい。ＳＶＯＣの構文である。(p.53 参照)
　　ⓒ　「彼が怒っているのは当然だと思う」
　　　＊これはＳＶＯＣの文型だが，it is natural 〜でも正しい。

6．ⓐ　「私にできることは父の帰りを待つことだけだった」
　　　＊一般に，**補語となる名詞用法の不定詞**（この例では to wait）**の to は省略できる**。もちろん to wait 〜でも正しい。
　　ⓑ　「彼は車を買えるほど金持ちではなかった」
　　　＊**enough は形容詞・副詞の後に置く**。rich enough 〜が正しい。名詞のときは，たとえば enough money to buy 〜の形も可能である。
　　ⓒ　「彼は私を外で待たせた」
　　　＊使役の make は〜 ing をとらない。waiting → wait が正しい。

7．ⓐ　「君はじきにこの町が好きになるでしょう」
　　　＊「〜するようになる」は become to do でなく come to do.（→ p.23）
　　ⓑ　「彼が早くよくなればいいと思う」
　　　＊hope ＋ O ＋ to do は誤り。I hope that he will 〜 . とする。（→ p.10）
　　ⓒ　「彼は注意深いのでそんなまちがいはしない」
　　　＊so 〜 as to …（…するほど〜）の否定は，to の前に not を置く（…しないほど〜）。

＜答＞　5. ⓒ　6. ⓐ　7. ⓒ

第2章 Infinitive 不定詞

8 次の各組の [　　] 内の語を並べかえて，下の日本文に相当する英文を完成しなさい。なお，文頭にくる語も小文字で始めてあります。

【A ランク】

1. [late / to / not / careful / be / be]．暗記
   （遅れないように注意しなさい）

2. I [it / to / rule / make / a] learn examples by heart.
   （私は例文を暗記することにしている）

3. [to / for / is / it / there / but / nothing] wait for him. 暗記
   （彼を待つより仕方がない）

4. I [do / have / to / nothing / with] the matter.
   （私はその問題には何の関係もない）

5. I don't [to / whose / follow / know / advice].
   （私はだれの助言に従うべきかわからない）

6. He was [loss / to / a / what / do / at]．暗記
   （彼はどうしてよいかわからず途方にくれた）

7. [I / you / tell / do / to / as].
   （私の言うとおりにしなさい）

【B ランク】

8. You [to / need / go / you / not / want / don't / if].
   （行きたくないのなら行く必要はない）

9. I think [not / her / to / better / it / let] go alone.
   （彼女を一人で行かせない方がいいと思う）

10. Your report [nothing / be / leaves / desired / to].
    （君の報告は申し分ない）

第 2 章　不定詞　**I**nfinitive

1. be careful ＋ to 不定詞（～するよう気をつける）で，to be late を否定するためには not は to の前に置く。
2. make it a rule to do ＝ be in the habit of ～ ing
   （～することにしている）
3. There is nothing for it but to do ＝～するよりしかたがない
4. have nothing [something] to do with ～ ＝～と関係がない［ある］
5. 疑問詞＋ to 不定詞＝疑問詞＋ S should V
   〈例〉I didn't know what to say [＝ what I should say].
   　　（私は何と言ったらよいかわからなかった）
6. at a loss(当惑して)は＜疑問詞＋ to 不定詞＞の形を直接つなげることができる。

7. 不定詞中の動詞の反復を避けるため，**to の後を省略する**ことができる。
   〈例〉"Will you join us？"—"I'd love to [＝ to join you]."
   　　（「ごいっしょしませんか」—「よろこんで（ごいっしょします）」）

8. **否定文中の need は助動詞扱い**で，You need not ～ . とする。文尾の go を省略した形。
9. ＜ think ＋ it ＋形容詞＋ to 不定詞＞の形。it は仮目的語で「～することは～だと思う」の意。この to 不定詞を not で否定する。
10. leave nothing to be desired ＝申し分ない
    cf.　leave much to be desired ＝不十分である

＜答＞　1．Be careful not to be late.　2．I make it a rule to learn ～．　3．There is nothing for it but to wait for him.　4．I have nothing to do with the matter.　5．I don't know whose advice to follow.　6．He was at a loss what to do.　7．Do as I tell you to.　8．You need not go if you don't want to.　9．I think it better not to let her go alone.　10．Your report leaves nothing to be desired.

第3章 Participle 分詞

解説 分詞は動詞から派生したものであるが，機能上は形容詞の一種であると言える。

(a) Look at that { tall（形容詞） / wounded（分詞） } boy.

(b) He kept { silent.（形容詞） / waiting.（分詞） }

上例からわかるとおり，分詞は形容詞に準じた2つの機能を持つ。すなわち，(a)の限定用法（名詞を修飾する）と(b)の叙述用法（補語となる）である。

1 分詞の限定用法

(a) A **drowning** man will catch at a straw.

（溺れる者はわらをもつかむ）

(a′) Look at the building **standing** on the hill.

（丘の上に立っている建物を見なさい）

(b) They sell a lot of **frozen** food at that store.

（あの店ではたくさんの冷凍食品を売っている）

(b′) The language **spoken** in Australia is English. 〔暗記〕

（オーストラリアで話されている言葉は英語です）

解説 名詞を修飾する分詞の用法と意味をまとめると，次のようになる。

（1）名詞（N）と分詞（P）の位置関係
- 分詞が単独で名詞を修飾するとき……P＋N（例文（a），（b））
- 分詞句が名詞を修飾するとき…………N＋P句（例文（a′），（b′））

（2）分詞の意味

	現在分詞	過去分詞
自動詞	「〜している○○」（能動）	「〜してしまった○○」（完了）＊
他動詞	「人を〜させるような○○」（感情を表す）	「〜される○○」（受動）

〜ing をつけて名詞を修飾できる他動詞は **surprise**（〜を驚かせる）・**excite**（〜を興奮させる）・**please**（〜を喜ばせる）など**「ある感情を起こさせる」**という意味をもつものに限られる。（→ p.162 参照）

〈例〉 It's an exciting game.（それは人を興奮させるような試合だ）

＊（注） fallen leaves（落ち葉）など。実際の用例はあまり多くない。

2 分詞の叙述用法

(a) The boy came **running** towards us.
　　（その少年は私たちの方へ走って来た）
(a′) I saw a boy **crossing** the street.
　　（ひとりの少年が通りを横切っているのが見えた）
(b) She seemed **surprised** at the news.
　　（彼女はその知らせに驚いているようだった）
(b′) I heard my name **called**. 暗記
　　（私は自分の名前が呼ばれるのを聞いた）

解説 （a），（b）はＳＶＣの構文で動詞を be に置き換えても意味が通じる。（a′），（b′）はＳＶＯＣの構文で，ＯとＣの間に主・述関係が成立している。たとえば（b′）では，my name（O）と called（C）の間に「名前が 呼ばれる」という主語と述語の関係が成り立つ。

((参考)) ＳＶＯＣ型の動詞とＣになれる要素との関係は次ページのとおり。

第3章 Participle 分　詞

動詞＼Cの位置にくる要素	現在分詞	過去分詞	to不定詞	原形不定詞
make・let （〜に〜させる・〜を〜にする）	×	○	×	○
have （〜に〜させる・〜を〜される）	△	○	×	○
get （〜に〜させる・〜を〜される）	△	○	○	×
keep・leave （〜を〜のままにする）	○	○	×	×
see・hear など＜知覚動詞＞	○	○	×	○

（注1）△印は，形としては可能であるが，用例は少ない。
（注2）make・see・hearなどの原形不定詞は，受動態にするとto不定詞となる。(p.30, p.223 参照)

3 分詞構文

(a)	When she heard the news, she turned pale. 　　↓①　↓③　↓②
(a')	×　　×　**Hearing** the news, she turned pale. （その知らせを聞いて彼女は青ざめた）
(b)	As I have lived in Tokyo, I know the city well. ↓①↓③　↓②
(b')	×　×　**Having lived** in Tokyo, I know the city well. （東京に住んでいたことがあるので，私は東京の町をよく知っている）
(c)	When the baby saw me,　it began to cry. 　↓①　　↓③　↓②　　　↓③
(c')	×　　×　**Seeing** me, **the baby** began to cry. （私を見てその赤ん坊は泣き出した）
(d)	As my mother was ill, I looked after her. 　↓①　　　↓③　↓②
(d')	×　**My mother being** ill, I looked after her. （母が病気だったので，私が母の世話をした）

第3章 分 詞 **Participle**

(e)　　When　it　is seen from the plane, this island is really beautiful.
　　　　　↓①　↓③　↓②
(e′)　　×　　×　　**Being seen** from the plane, this island is really beautiful.
　　　　　　　　　　　↓④
(e″)　　　　　　×　　**Seen** from the plane, this island is really beautiful.
　　　（飛行機から見ると，この島は本当に美しい）

解説　分詞構文とは，文を簡略化するために，接続詞を省略して，その代わりに**分詞に接続詞の働きをさせるもの**である。作り方は，次のとおり。

（Ⅰ）　<接続詞＋ S_2 ＋ V_2，S_1 ＋ V_1 >という構造を持つ文を考える。
　　　（注1）S_1 ＋ V_1 が主節。, の前後を入れ替えた文も同じように考える。
　　　（注2）これは複文の例であるが，＜ S ＋ V, and S ＋ V ＞などの重文から分詞構文を作ることもある。その場合も手順は（Ⅱ）に準ずる。

（Ⅱ）この文に次の操作を加える。

　①　接続詞を消去する。
　②　V_2 を現在分詞（～ing）にする。
　　　（注）V_2 が2語以上のときは，V_2 の最初の語に～ing をつける。……例文（b）
　③　S_2 を消去する。
　　　（注1）消去できるのは，$S_2 = S_1$ の場合のみ。
　　　（注2）S_1 を代名詞から名詞（＝ S_2）に変えることもある。……例文（c）
　　　（注3）$S_2 \neq S_1$ の場合に S_2 を消去することはできない。その結果 S_2 を文頭に残したままのいわゆる独立分詞構文となる。……例文（d）
　④　Being を消去する。
　　　（注）　直後に分詞（～ ing または p.p.）があるときは，Being を消去できる。

((参考)) 完了形分詞（**having + p.p.**）を用いた分詞構文

（f） As he lost his parents, he has no one to depend on.
　　　　↓①　↓③　　　↓②
（f′） ×　　×　　**Having lost** his parents, he has no one to depend on.

（両親をなくしたので，彼は今頼る人がいない）

> **解説** 考え方は完了不定詞（p.31 を参照）と同じである。（f）の lost を（f′）で losing としたのでは，「今両親を失うので（？）」という現在時制［has の時制］の解釈が生じる。そこで「(V_1 からみた) 過去を表す have + p.p.」に〜 ing をつけて，完了形分詞（having lost）にする。

((参考)) **Judging from** 〜などの分詞構文

（g） If we judge from the look of the sky, it will rain.
　　　↓①　↓③　　↓②
（g′） ×　　×　　**Judging** from the look of the sky, it will rain.

（空模様から判断すると，雨になるだろう）

> **解説** S_2（we）≠ S_1（it）ではあるが，慣用的に手順③で we を消去する。イディオムで暗記しよう。

((**参考**))　分詞構文を使った慣用表現

Whether permitting, our field day will be held next Sunday.
（天候が許せば，運動会は今度の日曜日に行われます）

Generally speaking, women live longer than men.
（概して言えば，女性は男性より長生きだ）

　cf.　**strictly [roughly] speaking**　＝厳密［大ざっぱ］に言えば

Talking [Speaking] of Mr. Ito, what has become of his son？
（伊藤氏と言えば，息子さんはどうなりましたか）

Considering his age, he is not to blame for his conduct.
（彼の年を考えれば，彼の行いは責められない）

All things considered, he is a good teacher.
（あらゆることを考慮に入れれば，彼はよい教師だ）

　cf.　**other things being equal**　＝他の条件が等しければ

第3章 Participle 分詞

9 次の各文の（ ）内から正しいものを選びなさい。

【A ランク】

1. The boy (ア. speaking　イ. spoke　ウ. who speaking) to Mary is her brother.
2. They had (ア. boil　イ. boiling　ウ. boiled) eggs for breakfast.
3. You had better not eat fish (ア. to catch　イ. catching　ウ. caught) in the bay.
4. A (ア. drown　イ. drowning　ウ. drowned) man will catch at a straw.
5. The news was (ア. to surprise　イ. surprising　ウ. surprised) to me.
6. ⓐ I was so (ア. bore　イ. bored　ウ. boring) by his lecture that I fell asleep.
   ⓑ His lecture was so (ア. bore　イ. bored　ウ. boring) that I fell asleep.
7. The baby lay (ア. sleep　イ. slept　ウ. sleeping) in the cradle.
8. He sat (ア. to surround　イ. surrounded　ウ. surrounding) by his daughters.
9. Now I am busy (ア. to prepare　イ. prepared　ウ. preparing) for a journey.
10. Can you make yourself (ア. understand　イ. understood　ウ. to understand) in English ? 〔暗記〕

11. If (ア. asking　イ. asked　ウ. to ask), I will help him with his work.

第3章 分 詞 **Participle**

1. 「メアリーに話しかけている少年は彼女の弟です」
   *ウ. は who is speaking なら正しい。
2. 「彼らは朝食にゆで卵を食べた」
   *受動の関係（卵が ゆでられる）だから過去分詞（boiled）を用いる。
3. 「その湾で捕った魚は食べない方がいい」
   *「捕られた魚」だから caught（過去分詞）。
4. 「おぼれる者はわらをもつかむ」
   *a man と drowning は能動（人がおぼれる）の関係。
5. 「その知らせは私にとって驚くべきものだった」 *「人を驚かせるような」= surprising
6. ⓐ「私は彼の講義にたいへん退屈したので，眠りこんだ」 ***人** is bored.
   ⓑ「彼の講義は退屈だったので私は眠りこんだ」 ***物** is boring. (→ p.163)

7. 「その赤ん坊はゆりかごの中で眠って（横たわって）いる」
   *ＳＶＣの文型。V（lay）を be 動詞（was）に置きかえて考える。
8. 「彼は自分の娘たちに囲まれてすわった」
   *be surrounded（囲まれる）→ sit surrounded（囲まれてすわる）
9. 「今私は旅行の準備で忙しい」 ***be busy ～ing**＝～するのに忙しい

10. 「君は英語で話が通じますか」
    急所 make oneself understood ＝話が通じる
    V（make）＋O（oneself）＋C（understood）で，「O（自分）がCである（理解される）ようにする」という意味になる。したがってOとCは**受動**（される）の関係になるから**過去分詞**を用いる。
11. 「もしたのまれれば，私は彼の仕事を手伝おう」
    *If（I am） asked, ～の省略形。(→ p.142)

<答> 1. ア 2. ウ 3. ウ 4. イ 5. イ 6. ⓐイ/ⓑウ 7. ウ 8. イ
     9. ウ 10. イ 11. イ

第3章 Participle 分詞

12. I want my room (ア．painting　イ．to paint　ウ．painted) white. 暗記

13. ⓐ I had some photos (ア．to take　イ．taken　ウ．taking) at the airport.
    ⓑ I had my son (ア．take　イ．to take　ウ．taken) some photos.

【B ランク】

14. Japan is a country (ア．lain　イ．laid　ウ．lying) in the east of Asia.
15. Footsteps were heard (ア．approach　イ．approaching　ウ．approached) from the garden.
16. All parents like to have their children (ア．to praise　イ．praising　ウ．praised).
17. I had my only son (ア．die　イ．dead　ウ．died) last year.
18. We often hear it (ア．say　イ．saying　ウ．said) that a war will soon break out.
19. You had better leave it (ア．unsay　イ．unsaying　ウ．unsaid). 暗記

12.「私は部屋を白く塗ってほしい」

　　　＊O（my room）とC（painted）は「部屋が 塗られる」の関係。

13. ⓐ「私は空港で写真を撮ってもらった」　ⓑ「私は息子に写真を撮ってもらった」

　　【急所】**have ＋ O ＋ C**（使役・受身）

　　　① **have ＋ O ＋ 原形**（〜に〜させる・してもらう）［使役］

　　　　　・I had my son wash my car. ＜多くは **have ＋ 人 ＋ 原形**＞
　　　　　　 V　 O　　 C

　　　　（私は息子に車を洗わせた / 洗ってもらった）

　　　　　　　＊OとCの間に「息子が 洗う」という能動の関係がある。

　　　② **have ＋ O ＋ p.p.**（〜を〜される・してもらう）［受身］

　　　　　・I had my car stolen. ＜多くは **have ＋ 物 ＋ p.p.**＞
　　　　　　 V　　O　　C

　　　　（私は車を盗まれた）

　　　　　　　＊OとCの間に「車が 盗まれる」という受動の関係がある。

14.「日本はアジアの東にある国です」　＊lying 〜＝which lies 〜

15.「足音が庭の方から近づいてくるのが聞こえた」

　　　＊能動文にすると、I heard footsteps approaching［approach］from the garden. だが，ア．には to が必要。

16.「すべての親は自分の子どもがほめられるのを好む」

　　　＊OとCの間に「子どもがほめられる」という受動の関係がある。

17.「私は昨年ひとり息子に死なれた」

　　　＊OとCの間に「ひとり息子が 死ぬ」という能動の関係がある。

18.「まもなく戦争が起こるだろうと言われるのを我々はよく耳にする」

　　　＊O（it）とC（said）は「それ（＝that節）が言われる」の関係。

19.「君はそれを言わずにおいた方がよい」

　　　＊**leave ＋ O ＋ p.p.**［un で始まる］＝（〜が〜されないままにしておく→）〜を〜しないでおく

　　〈例〉　Don't **leave the letter unanswered**.

　　　　　（その手紙に返事を出さずにおいてはいけない）

＜答＞　12. ウ　13. ⓐイ　ⓑア　14. ウ　15. イ　16. ウ　17. ア　18. ウ　19. ウ

第3章 Participle 分詞

10 次の各組の [ ] 内に与えられた語を並べかえて，日本文に相当する英文を完成しなさい。ただし，下線の動詞は適当な形に変えなさい。

（注）「適当な形」とは，たとえば go なら，go・goes・went・gone・going のいずれかをいいます。なお，文頭にくる語も小文字で始めてあります。

【A ランク】

1. [a / a / oil / ship / tanker / is / <u>carry</u>].
   （タンカーは石油を運ぶ船である）

2. [the / the / the / world / Bible / book / most / in / is / <u>read</u>].
   （世界中で最も読まれている本は聖書である）

3. You had better [that / out / <u>pull</u> / have / tooth].
   （君はその歯を抜いてもらう方がいい）

4. I [off / hat / had / <u>blow</u> / my] by the wind.
   （私は風で帽子を吹きとばされた）

5. I would [to / <u>shop</u> / go / at / like] the department store.
   （私はデパートへ買い物に行きたい）

6. He [hours / <u>read</u> / spends / many / novels] on holidays.
   （彼は休日には何時間も小説を読んで過ごします）

7. I [<u>find</u> / had / difficulty / no] his house.
   （私は彼の家をたやすく見つけた）

8. I'm sorry [have / <u>wait</u> / keep / to / you] so long. 暗記
   （たいへん長らくお待たせしてすいません）

9. Would you please [<u>inform</u> / keep / of / me] the situation from now on?
   （今後は状況を私に知らせてくれますか）

第3章 分詞 Participle

1. 「石油を運ぶ船」＝ a ship which carries oil ＝ a ship carrying oil

    *一般に名詞＋{who ＋ V / which} …→名詞＋ ～ing …と書き換えることができる。

2. 「世界中で最も読まれている本」＝ the book（which is）read most in the world

3.4. have ＋ O ＋ p.p. ＝ O を～される・してもらう

5. 急所 go ～ ing ＝～しに行く（p.110参照）
    * go swimming（泳ぎに行く），go fishing（釣りに行く）など。

6. spend ＋時間＋～ ing ＝～して（時間）を過ごす

7. have no difficulty（in）～ ing ＝たやすく～できる
    have difficulty（in）～ ing ＝なかなか～できない

8. keep ＋ O ＋～ ing ＝～を～のままにさせておく

9. 前問と同じく keep ＋ O ＋ C の構造であるが，前問は O と C の間に「君が待つ」という**能動**の主述関係があるのに対して，この文では O と C は「私が 知らされる」という**受動**の主述関係がある。

    cf. inform A of B → A is informed of B
    （A に B を知らせる）　（A が B を知らされる）

<答> 1. A tanker is a ship **carrying** oil.　2. The book **read** most in the world is the Bible.　3. You had better have that tooth **pulled** out.　4. I had my hat **blown** off by the wind.　5. I would like to go **shopping** at the department store.　6. He spends many hours **reading** novels on holidays.　7. I had no difficulty **finding** his house.　8. I'm sorry to have **kept** you **waiting** so long.　9. Would you please keep me **informed** of the situation from now on?

11 次の各組に与えられた文を分詞構文にしたとき，正しいものは下のア．〜ウ．のうちどれですか。1つ選んで答えなさい。

【A ランク】

1. When he saw the policeman, he ran away.
   - ア．Seeing the policeman, he ran away.
   - イ．Seeing the policeman, then he ran away.
   - ウ．Seen the policeman, he ran away.

2. When Tom was walking in the park, he met Mary.
   - ア．Tom walking in the park, he met Mary.
   - イ．Walking in the park, he met Mary.
   - ウ．Walking in the park, Tom met Mary.

3. As the book is written in easy English, it is suitable for beginners.
   - ア．Writing in easy English, the book is suitable for beginners.
   - イ．Written in easy English, the book is suitable for beginners.
   - ウ．Been writing in easy English, the book is suitable for beginners.

4. As there was no time to lose, we started at once.
   - ア．Being no time to lose, we started at once.
   - イ．Being there no time to lose, we started at once.
   - ウ．There being no time to lose, we started at once.

5. As I didn't like to stay in the room, I went out.
   - ア．Didn't liking to stay in the room, I went out.
   - イ．Not liking to stay in the room, I went out.
   - ウ．Liking not to stay in the room, I went out.

第3章 分詞 Participle

1. When he saw the policeman, he ran away.
   　　①　　③　②
   　　×　　×　Seeing

   （警官を見て，彼は逃げ出した）

2. When Tom was walking in the park, he met Mary.
   　　①　　③　　　②　　　　　　　③
   　　×　　×　Being walking　　Tom
   　　　　　　　　　④
   　　　　　　　× Walking

   （トムは公園を歩いている時メアリーに会った）

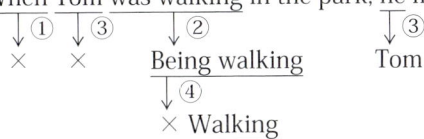

3. As the book is written in easy English, it is suitable for beginners.
   　①　　③　　　②　　　　　　　　③
   　×　　×　Being written　　the book
   　　　　　　　　　④
   　　　　　　　× Written

   （その本はやさしい英語で書かれているので，初心者に適している）

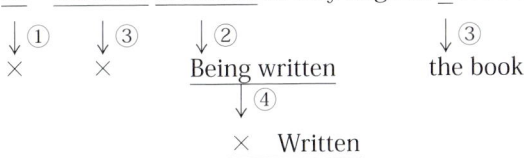

4. As there was no time to lose, we started at once.
   　①　③　②
   　× There being

   （余分な時間がなかったので，我々はすぐ出発した）

5. As I didn't like to stay in the room, I went out.
   　①　　③　　②
   　×　　×　Not liking

   （私は部屋にいたくなかったので外出した）

<答>　1．ア　2．ウ　3．イ　4．ウ　5．イ

第3章 Participle 分詞

12 次の各組の文の意味がほぼ同じになるように，（　　）内に適語を1つずつ入れなさい。

【A ランク】

1. ⓐ Being ill, he stayed at home.
   ⓑ (　　) (　　) (　　) ill, he stayed at home.
2. ⓐ Turning to the left, you will find the hotel.
   ⓑ (　　) (　　) turn to the left, you will find the hotel.
3. ⓐ Not having any stamps, I couldn't post the letter.
   ⓑ (　　) I (　　) have any stamps, I couldn't post the letter.
4. ⓐ As it was very warm, he took off his coat.
   ⓑ (　　) (　　) very warm, he took off his coat.
5. ⓐ There being no taxi, I had to walk home.
   ⓑ (　　) (　　) (　　) no taxi, I had to walk home.

【B ランク】

6. ⓐ As I read the newspaper yesterday, I know about the accident.
   ⓑ (　　) (　　) the newspaper yesterday, I know about the accident.
7. ⓐ Dolphins, properly trained, can do some tricks.
   ⓑ Dolphins, (　　) (　　) (　　) properly trained, can do some tricks.

… 第3章 分詞 **Participle**

1. 「病気だったので，彼は家にいた」
    * 文脈から，Being の ing に「理由（～なので）」の意味が含まれていることをとらえる。
2. 「左へ曲がると，ホテルがあります」
    * 文脈から，Turning の ing に「仮定（もしも）」の意味が含まれていることをとらえる。
3. 「切手を持っていなかったので，私は手紙を投函できなかった」
    * これも「理由」を表す。not having → didn't have に注意。
4. 「暖かかったので，彼はコートを脱いだ」
    * As   it   was very warm, he took off his coat.
      ↓① ↓③ ↓②　(it と he は異なる主語だから，it を消去できない)
      ×   It   being
5. 「タクシーがなかったので，私は家まで歩いて帰らねばならなかった」
    * 主語が異なる（there と I）ので，4．と逆の操作を考える。

6. 「きのう新聞で読んだので，私はその事故について知っている」
    * read（読んだ＝過去）と know（知っている＝現在）との時制のずれを，完了形分詞（having + p.p.）で表す。（→ p.48）
7. 「イルカは，適切に訓練されれば，芸をすることができる」
    * if they are trained
      ↓①↓③   ↓②
      ×   ×   being trained
              ↓④
              × trained

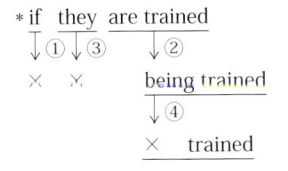

<答> 1. As [Because・Since], he, was 2. If, you 3. As [Because・Since], didn't
　　 4. It, being 5. As [Because・Since], there, was 6. Having, read
　　 7. if, they, are

第3章 Participle 分詞

13 次の各文に誤りがあれば訂正しなさい。なければ番号に○をつけなさい。

【A ランク】

1. Seeing from the plane, these islands are really beautiful
   (飛行機から見るとこの島々は本当に美しい)
2. Comparing with his brother, he is not so intelligent.
   (兄と比べると彼はそれほど賢くない)
3. Living as I am far from town, I rarely have visitors.
   (このとおり町から離れたところに住んでいるので、私を訪れる人はめったにいない)
4. Hidden as it was by the trees, the tomb was difficult to find.
   (そのように木々に隠されていたので、その墓は見つけにくかった)
5. He listened to the music with closing his eyes.
   (彼は目を閉じて音楽に耳を傾けた)

14 次の各文の（　　）内に適語を入れて、下の日本文に相当する英文を完成しなさい。

【B ランク】

1. (　　) (　　), women live longer than men.
   (概して言えば、女性は男性より長生きだ)
2. (　　) (　　) Mr. Tanaka, what has become of his son?
   (田中さんと言えば、彼の息子はどうなりましたか)
3. (　　) (　　), I will leave here tomorrow.
   (天候が許せば、明日当地を発ちます)
4. (　　) his age, his conduct is not to blame.
   (彼の年を考えれば、彼の行いは責められるべきではない)

第3章 分詞 Participle

1. When they are seen from the plane, these islands ～から分詞構文を作る。(they = these islands)「飛行機から見られるとき，この島々は～」で，Seeing でなく Seen が正しい。

2. 1．と同様に，(彼が)「兄と比べられるなら，彼は～」となる。

3．4．**急所**「なにしろ～なので」(分詞の強調)
   ① 現在分詞＋as＋S＋do
   ② 過去分詞＋as＋S＋is

5. He listened to the music with his eyes closed. **暗記**

   急所 with＋O＋p.p.（～を～した状態で）
   ・with one's eyes closed（目を閉じて）・with one's arms folded（腕組みして）・with one's legs crossed（足を組んで）

   (注)「～しながら」の意味で with ～ ing という形を用いてはならない。

   ・He read the newspaper, { ×with eating / ○while eating } breakfast.
   （彼は朝食を食べながら新聞を読んだ）

   (注) 上の形はたとえば，「目が 閉じられた状態で」で，with の後に＜受動のO＋C＞のような関係がある。

   cf. She was standing with tears running down on her cheeks.
   （彼女はほおに涙を流しながら立っていた）＜with＋能動のO＋C＞

---

1. Generally [Strictly] speaking ＝概して [厳密に] 言えば

2. Talking [Speaking] of ～＝～と言えば

3. Weather permitting ＝天候が許せば

4. Considering ～＝～を考慮に入れれば

13＜答＞　1．Seeing → Seen　2．Comparing → Compared　3．am → do　4．○
　　　　5．with closing his eyes → with his eyes closed
14＜答＞　1．Generally, speaking　2．Talking [speaking], of　3．Weather, permitting
　　　　4．Considering

第4章 Gerund 動名詞

> **解説** 動名詞（V + ing）は名詞の一種である。choose（選ぶ）の名詞形はchoice（選択）だが，come（来る）には名詞形がない。そこで〜ing（〜すること）をつけると，coming（来ること）という一種の名詞ができる。

1 finish 型の動詞（動名詞をとる動詞）（→ p.11）

2 that 節と〜ing の書き換え

(a) I **am sure that** he will come by six o'clock.
(a′) I **am sure of** his coming by six o'clock. 〔暗記〕
　　（私は彼が6時までに来ることを確信している）

> **解説** (a) の that 以下と (a′) の of 以下の形の違いに注意。
> (1) **前置詞の後には名詞（句）を置く**のが原則。come（動詞）はof（前置詞）の後ではcoming（動名詞）になる。
> (2) 主格のheは名詞（coming）にかかる**所有格**（his）または前置詞につながる**目的格**（him）に変化する。つまり，
>
> 〔急所〕 that 節 →〜 ing
>
> S_1 is sure that　S_2　(will) 動詞
> 　　　　　　↓①　　↓②　　　↓③
> →S_1 is sure of 〔所有格/目的格〕 〜 ing
>
> ① that節を書き換えたとき使用する前置詞の別により次ページのように分類してみよう。

第4章 動名詞　Gerund

急所 that 節と〜 ing の書き換え

		動詞	形容詞	名詞
＋ of	＋〜 ing	boast repent	sure・proud・afraid ashamed・conscious	chance・hope doubt・fact
＋ on	＋〜 ing	insist	—	—
＋ for	＋〜 ing	—	sorry	—
	＋〜 ing	regret deny	—	—

② この所有格［目的格］を**動名詞の意味上の主語**という。$S_1 = S_2$ のときは，これを省略して＜前置詞＋〜 ing＞とする。

〈例〉 Tom is sure that he will pass the examination.
　　　　　　　↓　　↓　　　↓
　　→Tom is sure of　×　passing the examination.

③ **動詞から派生した名詞があれば，その名詞形を用いる**（p.250参照）。

(b)　He is **proud that** his　father　was a mayor.
　　　　　　　　　　　↓　　　↓　　　↓
(b′)　He is **proud of** his father ('s) having been a mayor.
　　　（彼は父が市長であったことを自慢している）

解説 完了形（have ＋ p.p.）により「主動詞（is）からみた過去」を表し，これを動名詞にして**完了動名詞**（having ＋ p.p.）とする。考え方は完了不定詞（→ p.31），完了形分詞（→ p.48）と同じ。

3　to に続く動名詞

○　We are **looking forward to** going on a picnic.　**暗記**
×　We are looking forward to go on a picnic.
　　（私たちはピクニックに行くのを楽しみにしている）

解説 不定詞と混同しないこと。上の文の **to は前置詞**だから，go という動詞は going という動名詞［＝名詞の一種］に変わる。

第4章 Gerund 動名詞

15 次の各組の文意がほぼ同じになるように，(　　) 内に適語を1つずつ入れなさい。

【A ランク】

1. ⓐ I am afraid that I may hurt his feelings.
   ⓑ I am afraid (　　) (　　) his feelings.

2. ⓐ I was aware that she was angry.
   ⓑ I was aware of (　　) (　　) angry.

3. ⓐ He insisted that she should stay longer.
   ⓑ He insisted (　　) (　　) staying longer.

4. ⓐ They complained that the room was too hot.
   ⓑ They complained (　　) the room (　　) too hot.

5. ⓐ There is little hope that he will be saved.
   ⓑ There is little hope of (　　) (　　) saved.

【B ランク】

6. ⓐ He is proud that he graduated from Oxford.
   ⓑ He is proud (　　) (　　) graduated from Oxford.

7. ⓐ I regret that I was idle when young.
   ⓑ I regret (　　) (　　) idle when young.

1．「私は彼の感情を害するのではないかと思う」

　　＊be afraid that S＋V → be afraid of 〜 ing
　　　hurting（動名詞）の意味上の主語は不要（主語と一致）。

2．「私は彼女が怒っていることに気づいていた」

　　＊be aware that S＋V → be aware of 〜 ing

3．「彼は彼女にもっと長くいてくれるよう強く言った」

　　＊insist の後の前置詞は on。助動詞（should）は動詞がなければ不要になる。

4．「彼らは部屋が暑すぎると不平を言った」

　　＊complain の後は of。the room（目的格）が意味上の主語。

5．「彼が救われる見こみはほとんどない」

　　＊will be saved を動名詞にすると being saved（救われること）。

6．「彼はオックスフォードを卒業したことを誇りにしている」

　　＊is proud（現在形）と graduated（過去形）の時制のずれを完了動名詞（having ＋ p.p.）で表す。

7．「私は若い時怠惰であったことを後悔している」

　　＊regret having ＋ p.p. ＝〜だった［した］ことを後悔する

＜答＞　1．of, hurting　2．her, being　3．on, her　4．of, being　5．his, being
　　　　6．of, having　7．having, been

第4章 Gerund 動名詞

16 次の各組の文の意味がほぼ同じになるように、（　）内に適語を1つずつ入れなさい。

【A ランク】

1. ⓐ It is impossible to account for tastes.
   ⓑ (　　) is (　　) accounting for tastes.

2. ⓐ Whenever I see this picture, I remember my father.
   ⓑ I (　　) see this picture (　　) remembering my father.
   ⓒ This picture always (　　) me (　　) my father.

3. ⓐ I could not attend the party because I was ill.
   ⓑ Illness prevented me (　　) (　　) the party.

4. ⓐ It is useless to advise him to give up smoking.
   ⓑ It is no (　　) (　　) him to give up smoking.

5. ⓐ As soon as she heard the news, she turned pale.
   ⓑ No (　　) (　　) she heard the news than she turned pale.
   ⓒ (　　) (　　) she heard the news when she turned pale.
   ⓓ The (　　) she heard the news, she turned pale.
   ⓔ (　　) hearing the news, she turned pale.

第4章 動名詞　Gerund

1.「たで食う虫も好きずき」
　　＊直訳は「趣味を説明することはできない」
　　急所 It is impossible＋to不定詞＝There is no ～ ing（～できない）

2.「私はこの絵を見るといつも父を思い出す」
　　急所 never A without B（～ ing）＝AするときにはいつでもBする
　　ⓑ の直訳は「～を思い出すことなくこの絵を見ることは決してない」
　　ⓒ の remind A of B＝「AにBを思い出させる」に注意。

3.「私は病気のためパーティーに出席できなかった」
　　ⓑ の直訳は「病気が私がパーティーに出席するのを妨げた」
　　＊prevent［keep］A from ～ ing＝Aが～するのを妨げる

4.「彼に禁煙するよう忠告してもむだだ」
　　＊It is no use［good］～ ing＝It is useless＋to 不定詞＝～してもむだだ

5.「彼女はその知らせを聞くやいなや青くなった」
　　急所「～するとすぐに」（過去の事実について言う場合）
　　① ｛As soon as / The moment [instant] / Directly [Immediately]｝ S＋V（過去），S＋V（過去）
　　②（a） No sooner　had＋S＋p.p.　than　S＋V（過去）
　　　（b） Hardly / Scarcely　had＋S＋p.p.　when / before　S＋V（過去）
　　　　＊前半は過去完了で副詞＋V＋Sの倒置形。(p.144 参照)
　　③ On ～ ing,　S＋V（過去）
　　　　cf.　On his arrival there, he telephoned her.＜On＋名詞＞
　　　　　　（彼はそこに着くとすぐ彼女に電話した。）

＜答＞　1. There, no　2. ⓑ never, without / ⓒ reminds, of　3. from, attending
　　4. use, advising　5. ⓑ sooner, had / ⓒ Scarcely [Hardly], had / ⓓ moment [instant] / ⓔ On

6. ⓐ These are trees which I planted myself.
   ⓑ These are trees of (　　) (　　) planting.
7. ⓐ He could not but jump for joy at the news.
   ⓑ He could not (　　) jumping for joy at the news.
8. ⓐ You must have your shirt mended.
   ⓑ Your shirt needs (　　).
9. ⓐ This book is worth reading.
   ⓑ It is worth (　　) to read this book.

【Bランク】

10. ⓐ Be careful when you choose your friends.
    ⓑ Be careful (　　) choosing your friends.
11. ⓐ He was about to leave home.
    ⓑ He was on the (　　) of leaving home.

17 次の各文の（　　）内に適語を入れなさい。

【Aランク】

1. I am looking forward (　　) (　　) her.
   （私は彼女に会うのを楽しみにしている）
2. He is (　　) to (　　) speeches in public.
   （彼は公衆の前で演説するのに慣れている）
3. He was educated with a (　　) (　　) becoming a doctor.
   （彼は医者になる目的で教育された）

6.「これらは私が自分で植えた木です」

　　＊○○ of one's own ～ ing ＝自分で～した○○

　　cf.　This is a dictionary of my own choice.
　　　　（これは私が自分で選んだ辞書です）

7.「彼はその知らせを聞いてうれしくてとびあがらずにいられなかった」

　　＊cannot but ＋原形＝ cannot help ～ ing ＝～せざるをえない

8.「君のシャツは繕ってもらう必要がある」

　　＊need ～ ing ＝～される必要がある

9.「この本は読む価値がある」

　　((**参考**))　「～する価値がある」（worth の用法）

　　①　This book is **worth** $\begin{cases} \text{reading.} \\ \text{while to read.} \end{cases}$

　　②　It is **worth** $\begin{cases} \text{while to read this book.} \\ \text{while reading this book.} \end{cases}$

10.「友人を選ぶときは注意しなさい」

　　＊in ～ ing ＝～するときには

11.「彼はちょうど家を出るところだった」

　　＊be on the point of ～ ing ＝ be about to ＋原形＝今にも～しようとしている

1．look forward to ～ ing＝～するのを楽しみにしている

2．be used ［accustomed］ to ～ ing＝～することに慣れている

3．with a view to ～ ing＝for the purpose of ～ ing（～する目的で）

16.　＜答＞　6．my, own　7．help　8．mending　9．while　10．in　11．point
17.　＜答＞　1．to, seeing　2．used［accustomed］, making　3．view, to

18 次の文の（ ）内に適語を選んで入れなさい。

【A ランク】

1. I've got used (　　) by myself.
   ア．living　イ．to live　ウ．to living　エ．to be living

2. What do you (　　) to going to the movies ?
   ア．say　イ．feel　ウ．like　エ．think

3. I don't feel like (　　) anything now.
   ア．eating　イ．to eat　ウ．to eating　エ．eat

【B ランク】

4. Do you (　　) to my smoking here?
   ア．mind　イ．allow　ウ．object　エ．like

5. She (　　) herself to looking after the orphans.
   ア．made　イ．tried　ウ．decided　エ．devoted

19 次の中から正しい文を2つ選びなさい。

【B ランク】

1. Don't be afraid of make a mistake.

2. Would you mind my sitting next to you?
3. A previous engagement prevents me to accept your invitation.
4. That movie is worth being seen twice.
5. I remember my father to take me to the zoo when I was a child.

6. Besides being an able teacher, he was an excellent poet.

第4章 動名詞 Gerund

1. **急所** be［get］used to＋〜ing＝〜することに慣れている［慣れる］
   ＊used（慣れて）は形容詞。accustomed と同じ。
   used to＋原形＝よく〜したものだ　＊used to は助動詞。

2. **急所** What do you say to 〜 ing ？＝How about 〜 ing ？
   　　　　　　　　　　　　　　　　　　　　　（〜はいかがですか）

3. **急所** feel like 〜 ing＝〜したい気がする

4. object to 〜 ing＝〜することに反対する

5. devote A to B ［〜 ing］＝AをB（すること）にささげる
   　cf.　He devoted himself to his studies.（彼は勉強に専念した）

1. 「誤りを犯すことをおそれるな」
   ＊前置詞のあとの動詞（make）は動名詞（making）となる。
2. 「となりに座ってかまいませんか」　＊my sitting＝私が座ること
3. 「先約があるのでご招待をお受けできません」　＊to accept→from accepting
4. 「その映画は2度見る価値がある」　＊being seen→seeing
5. 「私は子供の頃父が動物園へ連れて行ってくれたことを覚えている」
   ＊to take→taking とすれば正しい。my father は taking の意味上の主語。
6. 「有能な教師であるばかりでなく，彼はすぐれた詩人でもあった」
   ＊前置詞 besides の後に being（動名詞）を置く形で，正しい。

18．＜答＞　1．ウ　2．ア　3．ア　4．ウ　5．エ
19．＜答＞　2，6

第5章 Pronoun 代名詞

1 It の用法

（a）　○　It was **him that** I wanted to see.
　　　×　It was he that I wanted to see.
　　　　（私が会いたかったのは彼です）

解説　**強調構文**（It is ～ that［who・which］～）とは，ある文中の特定の語句を強調するために It is と that の間にはさんだ文である。上の文では，I wanted to see him. の him が強調されている。

（b）　It doesn't matter to me whether he comes or not.　【暗記】
　　　　（彼が来ようが来まいが私にはどちらでもよい）
（c）　It takes（me）ten minutes to walk to the station.　【暗記】
　　　　（（私が）駅まで歩いて10分かかる）

解説　（b）の **matter** ＝ **be important**（重要である）で，doesn't matter ＝「重要でない→どうでもよい」。（c）は，次の構文の形で暗記しておこう。

　【急所】**時間・金が，かかる**
　　① **It takes（人）時間 to 不定詞** ＝（人が）～するのに（時間）がかかる
　　② **It costs（人）金額 to 不定詞** ＝（人が）～するのに（金額）がかかる

（d）　I found **it** easy **to please him**.
　　　　（彼を喜ばすのはたやすいとわかった）

解説　it は仮目的語で，to please him を受ける。この形（SVOC）をとる動詞の代表は **find・make・think** の3語である。

2 oneself を含む慣用表現

(a) Jack is **kindness itself**.（＝ Jack is very kind.）
　　（ジャックはとても親切だ）

> **解説**
>
> 【急所】**抽象名詞＋ itself ＝ very ＋形容詞**
>
> Jack is kindness. とはいえない（Jack is kind. が正しい）。しかし，「ジャックは親切の固まりだ」というような気持ちで，上のような慣用表現が生まれた。

(b) He solved the problem **by himself**.
　　（彼はひとりでその問題を解いた）
(c) Look up the word in the dictionary **for yourself**.
　　（自分でその単語を辞書で調べなさい）

> **解説** by oneself ＝ alone で，「ひとりで（誰の助けも借りずに）」の意。for oneself は「自分の利益のために自ら〜する」ということ。

3 this と that

(a) **This** is Tanaka (**speaking**). ＜電話で＞（こちらは田中です）
(b) The population of Tokyo is larger than **that** of Osaka.
　　（東京の人口は大阪より多い）

> **解説** (a) の this は慣用表現の一部である。(b) の that of Osaka は the population of Osaka の意味で，「人口」という名詞の反復を避けるために用いられている。多くの場合，**that**［**those**］**of** 〜という形で用いる。

4 one と another・other(s)

(a) I want to be a doctor because my father is **one**.
（父が医者なので私も医者になりたい）

(a') I don't like this red hat. I want a blue **one**.
（この赤い帽子は気に入らない。青い帽子がほしい）

解説 （a）では one = a doctor である。このようにふつうは one は＜a＋名詞＞を受けるが，（a'）では one = hat である。

cf. I have an interesing book. I bought it ［= the book］ in London.

不特定の複数名詞を受けるときは ones となる。

〈例〉 Small bananas are often better than big ones.
（小さなバナナは大きなバナナよりおいしいことがよくある）

不可算名詞を one で受けることはできない。

〈例〉 ○ I prefer red wine to white (wine).
　　　× I prefer red wine to white one.
（私は白ワインより赤ワインの方が好きだ）

(b) One of the two girls is near-sighted ; and **the other** is long-sighted.
（その2人の女の子のうち1人は近視で，別の1人は遠視だ）

(b') One of the five girls is near-sighted ; and **the others** are long-sighted.
（その5人の女の子のうち1人は近視で，残りの4人は遠視だ）

(c) I don't like this pen. Show me **another**.
（このペンは気にいらない。別のを1本見せてください）

(c') I don't like this pen. Show me **others**.
（このペンは気にいらない。別のを何本か見せてください）

解説 （b），（b'）では「残りの1人〔4人〕」が特定されるので the がつく。（c），（c'）では「残りのうちどれか1本〔数本〕」で，特にどのペンと指定しているのではないから the はつかない。

第 5 章　代名詞　**Pronoun**

5　some と any

（a）　**Some students** know that.
　　　（学生の中にはそれを知っている者もいる）

（a′）　**Any student** would know that.
　　　（学生ならだれでもそれを知っている）

解説　形容詞として用いる some・any には，大きく分けて2種類の意味がある。

（1）　**冠詞に相当する場合**……［səm］［eni］と弱く読み，多くは訳出不要。

	肯 定 文	否 定 文	疑 問 文	if 節 中
some	いくらかの 多少の	*	*	*
any		少しも（〜ない）	いくらかの 何かの	いくらかの 何かの

＊肯定文以外にこの用法の some を用いるのは，次の場合である。
・依頼・勧誘を表す文中にあるとき
・肯定の気持ちが強いとき
〈例〉 { Does she have <u>any</u> merit？〔単純な疑問文〕
　　　 { Does she have <u>some</u> merit？〔「長所が何かある」という気持を示す〕

（2）　**特定の意味をもつ場合**……［sʌm］［éni］と強く読み，必ず訳出する。

	肯 定 文	否 定 文	疑 問 文	if 節 中
some	①ある，どれかの＊ ②中には〜もある	（左に同じ）	（左に同じ）	（左に同じ）
any	どんな〜でも			

〈例〉　I want to visit <u>some</u> <u>pláces</u> in America. ……（1）の例。
　　　（私はアメリカのいくつかの場所を訪れてみたい）
　　　He went to <u>sóme</u> <u>pláce</u> in America. ……（2）の＊の例。
　　　（彼はアメリカのある場所へ行った）

75

第5章 **P**ronoun 代名詞

6 so・such と either・neither・none

(a)　"I like swimming."――"I do, too."
(a')　"I like swimming."――"**So do I.**" 暗記
　　　(「私は泳ぐのが好きです」「私もそうです」)
(b)　"I can't speak French."――"**I can't, either.**"
(b')　"I can't speak French."――"**Neither〔Nor〕can I.**"
　　　(「私はフランス語が話せません」「私もそうです」)

解説　「私もそうだ」に当たる相づちの表現で，(a)と(b)・(a')と(b')がそれぞれ肯定・否定の対応する形である。So＋V＋Sの倒置形に注意。Vは最初の文の動詞〔助動詞〕に合わせる。
　(a')の形と「本当にそうだ」という賛成の意味を表すSo＋S＋Vとの対比に注意。否定文については，＜So＋S＋V＞に対応する形はない。
〈例〉　"He is very lazy."――"**So he is.**"
　　　(「彼はひどい怠け者だ」「<u>本当にそうだ</u>」)

7 every と all

(a)　○　**Every man has his** weak points.
　　　×　Every <u>men</u> <u>have</u> <u>their</u> weak points.
　　　　(すべての人には弱点がある)

解説　every・each は次の性質をもつ。
(1)　後に単数名詞を置き，動詞は3人称単数で受ける。
(2)　every〔each〕～を受ける代名詞は <u>he</u>（or <u>she</u>）である。
　　＊they で受けることもある。

(b)　○　**All** that glitters **is** not gold.
　　　×　All that glitter are not gold.
　　　　(光るものすべてが金であるわけではない)

解説 代名詞の all は,「すべての人」のときは複数扱いであるが,「すべての物」のときは単数扱いとなる。

8 what と how

解説 一般に5W1Hといわれるが,それら6つの疑問詞のうち what・who は疑問代名詞であり when・where・why・how は疑問副詞である。
この両者を混同してはならない。

（a） ○ **What** is the capital of Italy ?
　　　× **Where** is the capital of Italy ?
　　　　（イタリアの首都はどこですか）

解説 上の文に対する答えは It's Rome. である。この Rome（名詞）をたずねる疑問詞は what（代名詞）である。
cf. He lives in Rome. の下線部（副詞句）をたずねる疑問詞は where。

（b） ○ **How soon** will the train start ? 〔暗記〕
　　　× **How long** will the train start ?
　　　　（列車はあとどのくらいで出ますか）

解説 「あとどのくらい（の時間）で～」は How soon ～ ? と言う。答えの形と疑問詞の対応をマスターしておくこと。

（c） ○ **What do you think of** this picture ? 〔暗記〕
　　　× **How** do you think of this picture ?
　　　　（この絵をどう思いますか）

解説 直訳は「この絵について何を考えますか」で,think の目的語になる代名詞の what が正しい。動詞に応じた what と how の区別は動詞とセットで丸暗記するのがよい。

第5章 Pronoun 代名詞

20 次の各文に誤りがあれば訂正しなさい。なければ番号に○をつけなさい。

【A ランク】

1. It was New York that I was born.

2. Let Tom and I help you with your work.

3. I think difficult to get rid of the bad habit.

21 次の各組の [　] 内に与えられた語を並べかえて，下の日本文に相当する英文を完成しなさい。なお，文頭にくる語も小文字で始めてあります。

【A ランク】

1. I [that / impossible / think / he / it] will marry her.
   （彼が彼女と結婚することはありえないと思う）
2. I [difficult / problem / solve / to / it / found / the]. 暗記
   （私はその問題を解くのが難しいとわかった）
3. We [up / dead / him / for / gave].
   （我々は彼が死んだものとあきらめた）

4. I [it / granted / take / that / for] man is mortal.
   （人が死ぬのは当り前だと思う）

【B ランク】

5. ⓐ [him / twenty / buy / cost / the / dollars / radio / to / it].

   ⓑ [him / twenty / cost / the / dollars / radio].
   ⓒ [he / twenty / paid / the / dollars / radio / for].
   ⓓ [he / twenty / bought / the / dollars / radio / for].
   　　（彼はそのラジオを20ドルで買った）

1. 「私が生まれたのはニューヨークです」
　　＊I was born in New York. の下線部が強調されたもの。

2. 「トムと私に君の仕事を手伝わせてください」
　　＊let ＋ O ＋原形（〜に〜させる）で，O = Tom and me（目的格）。

3. 「その悪い習慣を直すのは難しいと思う」
　　＊think ＋ it（仮目的語）〜 to 不定詞＝…することは〜だと思う。

1. **think**（V）＋ **it**（O）＋ **impossible**（C）の形で「それ（＝後出の that 節）はありえないと思う」の意味になる。it は仮目的語。

2. **found**（V）＋ **it**（O）＋ **difficult**（C）の形で,「それ（＝後出の to solve 〜）は難しいとわかった」の意味になる。

3. give him up の語順に注意。for dead は〈前置詞＋形容詞〉の慣用表現。類例は as usual（相変わらず），in short（要するに）など。

4. 🔖急所 **take it for granted that** 〜＝〜を当然のことと思う
　　＊この take は「とらえる，考える」の意味で，直訳は「それ（＝ that 節）を認められたものとしてとらえる」

5. ⓐ　**It costs**＋人＋金額＋ to 不定詞（〜が〜するのに〜かかる）
　　＊問題文の cost は過去形。

　　ⓑ　**品物 costs**＋人＋金額。この形も可能。＜人 costs 〜＞は不可。

　　ⓒ　pay（支払う）を用いる場合は，**人＋ pay ＋金額＋ for ＋品物**。

　　ⓓ　buy（買う）を用いる場合は，**人＋ buy ＋品物＋ for ＋金額**。
　　＊ⓒⓓの for は交換（〜と引きかえに）を表す前置詞である。

20. ＜答＞ 1. New York → in New York　　2. I → me　　3. think difficult → think it difficult
21. ＜答＞ 1. I think it impossible that he will marry her.　　2. I found it difficult to solve the problem.　　3. We gave him up for dead.　　4. I take it for granted that man is mortal.　　5. ⓐ It cost him twenty dollars to buy the radio. ⓑ The radio cost him twenty dollars. ⓒ He paid twenty dollars for the radio. ⓓ He bought the radio for twenty dollars.

第5章 Pronoun 代名詞

22 次の各文の（　）内に適語を入れて，下の日本文に相当する英文を完成しなさい。

【A ランク】

1. He is honesty (　　　).
   （彼はとても正直だ）

2. You must judge (　　　) yourself.
   （君は自分で判断しなければならない）

3. She was sitting on the bench (　　　) herself.
   （彼女はひとりぼっちでベンチにすわっていた）

4. Please (　　　) yourself at home.
   （どうぞおくつろぎください）

5. Please (　　　) yourself to some fruit.
   （くだものをご自由におとりください）

【B ランク】

6. He was (　　　) himself with joy.　（彼は喜びに我を忘れた）

7. The door opened (　　　) itself.
   （ドアはひとりでに開いた）

8. Carbon dioxide is not a poison (　　　) itself.
   （二酸化炭素はそれ自体は毒ではない）

9. She has a large fortune (　　　) herself.
   （彼女は莫大な財産を独占している）

10. I want you to keep the news (　　　) yourself.
    （その話は人に話さないでおいてほしい）

11. (　　　) ourselves she does not like him.
    （ここだけの話だが，彼女は彼がきらいなんだ）

12. He smiled in (　　　) of himself.
    （彼は思わずほほえんだ）

1. 抽象名詞＋ itself ＝ very ＋形容詞
    cf. He is all attention.（彼は注意を集中している）
        ［＝ very attentive］
2. for oneself ＝自分で〔自分の利益のために自ら〕

3. by oneself ＝ひとりで（＝ alone）
    ＊He cooks for himself. なら「自分で作って自分で食べる」だが，He cooks by himself. なら「ひとりで作る」と言っているだけで，必ずしも自分で食べるためとはかぎらない。

4. make oneself at home ＝くつろぐ

5. 急所 help oneself to ～＝～を自由に取って飲食する

6. beside oneself（with ～）＝（～で）我を忘れて，逆上して
7. of itself ＝ひとりでに
    ＊この意味では by oneself を用いることの方が多い。
8. in itself ＝本来は，それ自体では

9. have ～ to oneself ＝～を独占する

10. keep ～ to oneself ＝～を自分の胸にしまっておく，秘密にしておく

11. between［among］ourselves ＝ここだけの話だが
                （＝ between you and me）
12. in spite of oneself ＝思わず，我知らず

＜答＞　1．itself　2．for　3．by　4．make　5．help　6．beside　7．of［by］
　　　　8．in　9．to　10．to　11．Between　12．spite

23 次の各グループの文の（　）内に，上の□□の中から適当な語を選んで入れなさい。

1 | ア．this　イ．that　ウ．these　エ．those |

【A ランク】

1. The gravity of the moon is one sixth of (　　) of the earth.

2. The ears of a rabbit are longer than (　　) of a cat.
3. He has been ill in bed (　　) two weeks.
4. In (　　) days there were no bus services to the village.

5. Heaven helps (　　) who help themselves.

【B ランク】

6. (　　) is the age of technology.
7. He can speak French, and (　　) fluently.
8. His speech impressed (　　) present.

2 | ア．it　イ．one |

【A ランク】

1. I have lost my umbrella ; I must buy (　　).

2. I need a notebook. (　　) must be thick.

3. "Have you ever seen a panda?" "Yes, I have seen (　　)."
4. I want a watch, but I have no money to buy (　　).

第5章　代名詞　**Pronoun**

1

1. 「月の重力は地球の6分の1です」**that** of the earth ＝地球の重力
   * that が前出の＜the ＋名詞＞を受けて，that of 〜の形で用いるのが普通。ただし，前置詞が of 以外の場合もある。
   〈例〉I like the books on poetry than that on mathematics.
   　　（私は数学の本より詩の本の方が好きだ）

2. 「うさぎの耳は猫の耳より長い」**those** ＝ the ears

3. 「彼はここ2週間ずっと病気で寝ている」**these** two weeks ＝ここ2週間

4. 「当時その村にはバスが通っていなかった」**in those days** ＝当時
   * these days（最近）には前置詞不要。this morning（今朝）などと同様である。（→ p.187）

5. 「天は自ら助くる者を助く」**those who** 〜 ＝ people who 〜
   　cf. Listen to those whom you can trust.
   　　　（君が信頼できる人の言うことを聞きなさい）

6. 「今は科学技術の時代だ」＊after this（今後は）のように this には「今」の意味がある。

7. 「彼はフランス語を話せる。しかも流ちょうに」**and that** ＝しかも

8. 「彼の演説は居合わせた人々に感銘を与えた」
   ＊**those present** ＝ those who were present（出席者，その場に居合わせた人々）

2

1. 「傘をなくしたので，買わないといけない」(one ＝ an umbrella)
   ＊one の代わりに it を用いると，「(例の) なくした傘を買う」ことになる。

2. 「私はノートが必要だ。それは厚いものでなければならない」
   　　　　　　　　　　　　　　　　　　　　　　　(It ＝ the notebook)

3. 「パンダを見たことがありますか」「ええ，あります」(one ＝ a panda)

4. 「時計が欲しいのだが，買う金がない」(one ＝ a watch)

```
＜答＞　1  1. イ  2. エ  3. ウ  4. エ  5. エ  6. ア  7. イ  8. エ
　　　 2  1. イ  2. ア  3. イ  4. イ
```

83

第5章 Pronoun 代名詞

3　ア．other　イ．another　ウ．others　エ．the other　オ．the others

【A ランク】

1. He has two brothers; one lives in Osaka and （　　　） lives in Tokyo.
2. He has four brothers; one lives in Osaka, and （　　　） live in Tokyo.
3. Will you have （　　　） cup of coffee?
4. Some children learn languages easily and （　　　） with difficulty.
5. I take a bath every （　　　） day. 暗記
6. Theory is one thing, and practice is （　　　）.
7. Don't speak ill of （　　　） behind their backs.
8. The planes took off one after （　　　）.

4　ア．so　イ．such　ウ．as　エ．either　オ．neither　カ．nor

【A ランク】

1. I like ball games （　　　）（　　　） baseball and football.
2. "Will it be fine tomorrow?"—"I hope （　　　）."
3. My brother is very tall, and （　　　） am I.
4. "I didn't see the movie."—"I didn't, （　　　）."
5. "I am not going to attend the party."—"（　　　） am I."

【B ランク】

6. This book is written in （　　　） easy English （　　　） beginners can understand.
7. He is a mere child, and should be treated （　　　）（　　　）.
8. There are many stores on （　　　） side of the street.

第5章　代名詞　**Pronoun**

3

1. 「彼には2人の兄弟がいる。1人は大阪に，もう1人は東京に住んでいる」…特定の1人。
2. 「彼には4人の兄弟がいる。1人は大阪に，残りの3人は東京に住んでいる」…特定の3人。
3. 「もう1杯コーヒーをいかがですか」
4. 「子どもの中には，ことばを容易に学習する者もおり，学習に苦労する者もいる」…不特定。
5. 「私は1日おきに入浴する」every other ～ ＝1つおきの～
6. 「理論と実践は別物だ」A is one thing, and B(is) another. ＝AとBは別だ
7. 「陰で他人の悪口を言うな」others ＝他人
8. 「飛行機は次々に離陸した」one after another ＝次から次へ

4

1. 「私は野球やフットボールなどの球技が好きだ」　such as ＝たとえば～のような
2. 「明日は晴れるだろうか」「晴れてほしい」　cf. "Will it be fine tomorrow?"—**"I'm afraid not."**　(「明日は晴れるだろうか」「晴れそうにない」)
3. 「兄は背が高いし，私もまたそうだ」So＋V＋S. ＝Sもまたそうだ
4. 「私はその映画を見なかった」「私も見なかった」
　　S＋not V, either. ＝Sもまた～でない
5. 「私はそのパーティーには出席しません」「私も出席しません」
　　Neither〔Nor〕＋V＋S. ＝Sもまた～でない

6. 「この本は初心者にも理解できるようなやさしい英語で書いてある」
　　such ～ as... ＝…するような～
7. 「彼はまだほんの子どもだから，そういうもの〔＝子供〕として扱ってやるべきだ」　as such ＝そういうものとして　＊a child を受ける代名詞はふつう one であるが，as に続くときは as one とは言わず as such と言う。
8. 「通りの両側に多くの店がある」　＊side・end など対をなすものの前につく either には both の意がある。

<答>　③　1. エ　2. オ　3. イ　4. ウ　5. ア　6. イ　7. ウ　8. イ
　　　④　1. イ,ウ　2. ア　3. ア　4. エ　5. オ[カ]　6. イ,ウ　7. ウ,イ　8. エ

第5章 Pronoun 代名詞

5 ア．some　イ．something　ウ．any　エ．anything　オ．nothing

【A ランク】

1. (　　) doctor says (　　) to please his patients.
   （どんな医者でも患者を喜ばすために何か言うものだ）
2. (　　) doctors say (　　) to please his patients.
   （医者の中には患者を喜ばすために何でも言う者もいる）
3. "When shall I call on you?" "(　　) time will do."
   （「いつおじゃましましょうか」「いつでもけっこうです」）
4. There is little, if (　　), difference between them.
   （両者の間にはまず相違がない）
5. He is (　　) but a gentleman. （彼は決して紳士ではない）
6. He is (　　) but a liar. （彼はうそつきにすぎない）
7. He is (　　) of a musician. （彼はちょっとした音楽家だ）
8. Is (　　) wrong with you? （どこか具合でも悪いのか）

【B ランク】

9. "Won't you have (　　) more tea?" "No, thank you."
   （「お茶をもう少しいかがですか」「いいえ，けっこうです」）
10. The train was (　　) ten minutes late. （列車はおよそ10分遅れた）
11. He is, if (　　), worse today.
    （彼はどちらかと言えば今日は具合が悪くなっている）
12. He is (　　) like his father. （彼は父親に似たところがある）
13. You can get it for (　　). （そんなものはただでもらえる）

5

1. 肯定文中の any ＝「どんな～でも」
    ＊any doctor と単数形になっている点に注意。
2. 「Some ＋複数名詞」が主語になっているときは、「○○の中には～する者もいる」と訳すことが多い。
3. 【急所】 Any ○○ will do. ＝どんな○○でもよい（do ＝間に合う）
    cf. Either will do.（どちらでもかまいません）
4. little, if any, ～＝まずほとんど～ない
    cf. seldom, if ever, ～＝まずめったに～ない
        He seldom, if ever, goes to the movies. （彼はめったに映画に行かない）
5. 【急所】 anything but ～＝決して～ない（＝ far from ～）
6. 【急所】 nothing but ～＝～にすぎない（＝ only ～）
7. something of ～＝ちょっとした～
8. 【急所】 「○○の具合が悪い」
    ① Something is wrong［the matter］with ○○.
    ② There is something wrong［the matter］with ○○.
      →（疑問文） ①′ Is anything wrong［the matter］with ○○?
              ②′ Is there anything wrong［the matter］with ○○?
              ③ What is wrong［the matter］with ○○?
                 （○○はどこか具合が悪いのですか）

9. 肯定の答を期待するときは、疑問文でも some を用いる。

10. some ＋数字＝およそ（about）～

11. if anything ＝どちらかと言えば

12. something like ～＝～にいくぶん似ている
    ＊この something は like にかかる副詞。somewhat でもよい。

13. for nothing ＝ただで（free）

```
<答>  5  1. ウ, イ  2. ア, エ  3. ウ  4. ウ  5. エ  6. オ  7. イ  8. エ
         9. ア  10. ア  11. エ  12. イ  13. オ
```

24 次の各英文に誤りがあれば訂正しなさい。

【A ランク】

1. I don't like both of the two girls.
   （私はその二人の女の子のうちどちらも好きでない）

2. You say my brother is very clever, and so is he.
   （君は私の兄がとても頭がいいと言うが，本当にそのとおりだ）

3. "Will you show me how to use this machine?" — "I'm sorry, but I don't know, too." （「この機械の使い方を教えてくれませんか」「すいませんが，私も知らないんです」）

4. Each boys have their own room.
   （男の子たちはそれぞれ自分の部屋を持っている）

5. They were talking each other. （彼らは互いに話し合っていた）

【B ランク】

6. Anyone cannot blame him for his mistake.
   （だれも彼の誤りを責めることはできない）

7. He is the best student of his all classmates.
   （彼はクラス全員のうちで一番よくできる生徒だ）

8. Either he or I are responsible for it.
   （彼と私のどちらかがそれに対して責任を負う）

第5章　代名詞　**Pronoun**

1. この英文は「私はその二人の女の子の両方を好きなわけではない」の意。

   急所 部分否定と全面否定
   ①部分否定　・**not** + **both**（どちらも〜というわけではない）
   　　　　　　・**not** + **all**［**every**］（すべて〜というわけではない）
   　　　　　　・**not** + **always**（いつでも〜とは限らない）
   　　　　　　・**not** + **necessarily**（必ずしも〜とは限らない）
   ②全面否定　・**not** + **either**（どちらも〜ない）＜＝ neither＞
   　　　　　　・**not** + **any**（ひとつも〜ない）＜＝ no＞

2. So + V + S.（Sもまたそうだ）⇔ So + S + V.（Sは本当にそうだ）

3. I don't know, too. は誤り。否定文では too が either に変わる。

4. each・every は，①単数扱い　②代名詞は he（or she）で受ける。

5. each other・one another（お互い）は代名詞であって，副詞ではない。したがって，talk with him（彼と話す）と同様に前置詞を必要とする。

---

6. 英語では一般に否定語はなるべく前に置く。たとえば，
   ① I think he isn't kind.（正）⇒ I don't think he is honest.（正）
   　　　　　　　　　　　　　　　　　（彼は正直でないと思う）
   ② I like neither of them.（正）⇒ I don't like either of them.（正）
   　　　　　　　　　　　　　　　　（私は彼らのどちらも好きでない）
   ③ Anyone cannot blame him.（誤）⇒ No one can blame him.（正）
   　　　　　　　　　　　　　　　　　（だれも彼を責められない）
   　＊not + any はよいが，**any** + **not** という語順は許されない。

7. ＜all + 冠詞（または代名詞の所有格）+ 名詞＞の語順になる。（→ p.180参照）

8. either［neither］A or B が主語のとき，動詞は B に合わせる。代名詞の neither は単複どちらで受けてもよい。none は通例複数で受ける。

> ＜答＞　1. both → either　2. so is he → so he is　3. too → either
> 　　　　4. Each boys have their → Each boy has his　5. each other → with each other
> 　　　　6. Anyone cannot → No one can　7. his all → all his　8. are → am

第5章 Pronoun 代名詞

25 次の各文の（　　）内に適当な疑問詞を入れなさい。

【A ランク】

1. (　　) did you say such a thing for?
   （なぜそんなことを言ったのか）
2. (　　) do you think of this project?
   （この計画をどう思いますか）
3. (　　) do you like this dress?　暗記
   （この服は気に入りましたか）
4. (　　) did you do with that money?
   （あのお金をどうしましたか）
5. (　　) don't you come and see me next Sunday?
   （今度の日曜日にうちへ遊びに来ませんか）

6. (　　) do you say to singing a song together.
   （いっしょに歌をうたいませんか）

【B ランク】

7. (　　) do you call this flower in English?
   （この花は英語でどう言いますか）
8. (　　) do you pronounce this word?　（この単語はどう発音しますか）
9. (　　) is the price of this chair?
   （このいすの値段はいくらですか）

10. (　　) is the food at that restaurant?
    （あのレストランの料理の味はどうですか）

第5章　代名詞　**Pronoun**

1. 【急所】**What ～ for?** ＝何のために，なぜ（＝ Why ～?）
   ＊文尾の for は for the purpose of の for で，「目的」を表す。

2. 【急所】**What do you think of ～?** ＝～をどう思いますか

3. 【急所】**How do you like ～?** ＝～はいかがですか（実際に試してみてどう感じるか）

4. **What ～ do with ○○?** ＝○○をどう処理するか

5. 【急所】**Why not の注意すべき用法**

   （「なぜ」の意味がなくなる場合）

   ① **Why not ～?** ＝ **Why don't you ～?**
   - 「～しませんか」（勧誘）：
     Why don't you［Why not］go with me?
   - 「～しなさいよ」（ていねいな命令）：
     Why don't you［Why not］go and see the doctor?

   ② **Why not?** ＝ **Of course**.
   - 「いいですとも」（同意）："Let's play tennis." ― "Why not."
     　　　　　　　　　　　　　　　"May I come in?" ― "Why not."

6. **What do you say to ～ing?** ＝～してはどうですか（＝ How about ～?）

7. 肯定文はたとえば We call this flower <u>a rose</u> in English. で，下線部は名詞だから what でたずねる。

8. pronounce（発音する）・spell（つづる）は How でたずねる。

9. 大小・尺度などを表す抽象名詞を用いる疑問文は what でたずねる。

   ・**What** is the _____ of ～ ?　$\begin{bmatrix} ① & size & ② & weight & ③ & length \\ ④ & price & ⑤ & circumference \end{bmatrix}$

   （～の $\begin{Bmatrix} ①大きさ　②重さ　③長さ \\ ④値段　⑤周囲の長さ \end{Bmatrix}$ はどのくらいですか）

10. 「どのような」は How でたずねる。How ～? ＝ What ～ like? である。
    ・What does the soup taste like?（そのスープはどんな味がしますか）

＜答＞　1. What　2. What　3. How　4. What　5. Why　6. What　7. What
　　　　8. How　9. what　10. How

第 5 章 Pronoun 代名詞

26 次の各文の（　）内に適語を入れなさい。

【A ランク】

1. How （　　） is it from here to the station?
2. How （　　） did the watch cost you?
3. How （　　） ago did the poet die?
4. ⓐ　How （　　） will the meeting last?
   ⓑ　How （　　） will the meeting end?
5. ⓐ　"How （　　） will the bus come?" ─ "In five minutes."
   ⓑ　"How （　　） does the bus run?" ─ "Every five minutes."
6. How （　　） a cup of tea?

27 次の各組に与えられた語を並べかえて，（　）内の日本文に相当する英文を作りなさい。なお，文頭に来る語も小文字で始めてあります。

【A ランク】

1. [he, you, is, know, who, do]?
   （彼が誰だか知っていますか）
2. [he, you, is, think, who, do]? 暗記
   （彼は誰だと思いますか）

3. [how, it, him, to, work, take, will, hours, the, finish, many]?
   （彼がその仕事を終えるのに何時間かかるでしょうか）

第5章　代名詞　**Pronoun**

1. 「ここから駅までどのくらい距離がありますか」 ＊距離は How far ～？
2. 「その時計はいくらで買いましたか」 ＊値段は How much ～？
3. 「その詩人は何年前に死にましたか」 ＊時間の長さは How long ～？
4. ⓐ 「会はどのくらい続くのだろう」 ＊時間の長さは How long ～？
   ⓑ 「会はいつになったら終わるのだろう」 ＊「あとどのくらいで」は **How soon** ～？
5. ⓐ 「バスはあとどのくらいで来ますか」―「あと5分したら来ます」
   ⓑ 「バスは何分おきに出ますか」―「5分おきに出ます」
6. 「お茶を一杯いかがですか」 ＊How about ～？＝～はいかがですか

1.2. 急所 疑問詞＋ do you think ～？

① "Do you know when he will come." ― "Yes, I do."
（「彼がいつ来るか知っていますか」「はい，知っています」）
＊質問のテーマは「**知っているか**」だから，**Do you know** で始める。

② "When do you think he will come?" ― "(I think he will come) By five o'clock."
（「彼はいつ来ると思いますか」―「5時までに来ると思います」）
＊質問のテーマは「**彼の来る時刻**」だから **When** で始める。

　なお，たとえば1．で Do you know [who he is]？となるのは，Who is he? がより大きな文の一部（従属節）になったため。これを間接疑問といい，＜疑問詞（または if・whether）＋ S ＋ V ＞の形で表す。

3. 肯定文ならたとえば It will take him four hours to finish the work. である。この下線部をたずねる疑問文をつくればよい。

26＜答＞　1．far　2．much　3．long　4．ⓐ long　ⓑ soon　5．ⓐ soon　ⓑ often
　　　　　6．about
27＜答＞　1．Do you know who he is?　2．Who do you think he is?
　　　　　3．How many hours will it take him to finish the work?

第6章 Relative 関係詞

（注）この章の例文では，＿＿＿の語句が先行詞である。

1 関係代名詞の基礎

（a） ① This is **a book**. （これは本です）
② I bought **it** yesterday. （私はそれを昨日買いました）
③ This is **a book** which I bought yesterday．
　　（これは私が昨日買った本です）

解説 ①と②を一文にしたものが③であり，which 以下が先行詞（a book）をくわしく説明している。③の作り方は，次のようになる。
① This is a book． / ② I bought it yesterday．
　　　　　　　↑ ───── which ←────
　　＊②中の it が関係詞（which）となり，先行詞（a book）に続く。

（b） ① I have **a brother**. （私には兄がいる）
② I like **him** very much. （私は彼が大好きだ）
③ I have **a brother** whom I like very much ．
　　（私には大好きな兄がいる）

解説 関係代名詞は先行詞の格と「人」「物」の区別により異なる。

先行詞 \ 格	主格	目的格	所有格	
物	which / that	(which) / (that)	＊whose of which	（注）（ ）は省略可能なことを示す。
人	who / that	(whom) / (that)	whose	

（注1）口語では目的格の関係代名詞はふつう省略する。
（注2）＊の例をひとつ挙げておく。of which の位置に注意。
　　① Look at that house．（あの家を見なさい）

② **Its roof** is red.（その屋根は赤い）
② **The roof of it** is red.（　　〃　　）
③ Look at that house **whose roof is red**. <①+②>
③´ Look at that house **the roof of which is red**. <①+②>
③˝ Look at that house **of which the roof is red**.
　　（赤い屋根のあの家を見なさい）
ただし，この文の意味を表す英文としては，Look at that house with a red roof. が最も普通。

2　which と where（関係代名詞と関係副詞）

（c）　○　Paris is the city **where**［in which］I want to live.
　　　×　Paris is the city **which** I want to live.
　　　　（パリは私が住みたいと思っている町です）

解説　（c）は次の文に分解できる。
① Paris is the city.　② I want to live **in the city**.
　　　　　　　↑──────**where**──┘

in the city は「その町に」という副詞句だから，関係副詞（where）を用いる。the city（名詞）を which（関係代名詞）に変えて in which としてもよい。関係副詞には次の4つがある。

先行詞	場所 (place house など)	時 (time day など)	理由 (reason)	なし*
関係副詞	where	when	why	how

〈例〉 I don't know the day **when** he will come.
　　　（私は彼の来る日を知らない）
（注）　*の how はもともと **the way**（方法）という先行詞があったが，今日ではどちらか一方を用い，the way how とは言わない。

第6章 Relative 関係詞

3 ＜who＞と＜, who＞（制限用法と継続用法）

（a） I have an uncle **who** lives in Hakata.〔限定用法〕
　　（私には博多に住むおじがいる）
（b） I have an uncle, **who** lives in Hakata.〔継続用法〕
　　（私にはおじがあり，その人は博多に住んでいる）

解説　（a）では who 以下が先行詞（an uncle）を修飾している。一方，（b）ではカンマ（,）でいったん文の切れめがあり，who 以下は an uncle に対する追加説明になっている。（b）の用法を**継続〔非制限〕用法**という。
（注1）　（a）と（b）の意味の違いに注意。（a）では「私のおじ」は1人ないし複数であり，「博多以外に住んでいるおじ」がいてもよい。（b）では「私のおじ」はただ1人である。（b）は次のように言い換えられる。
　　　（b'）　I have an uncle, **and he** lives in Hakata.
　一般に，　カンマ（,）＋関係詞＝接続詞＋代名詞　である。
（注2）　関係副詞 when・where にも継続用法がある。
　　〈例〉 I went into the room, **where** I found a small cat.
　　　　（私が部屋に入ると，そこには小さな猫がいた）[where ＝ and there]

4 who I think と whom I think

（a）　The man **who I thought was my friend** deceived me. 〔暗記〕
（a'）　The man **whom I thought to be my friend** deceived me.
　　（私が友人だと思っていた人が私をだました）

解説　(a), (a') はそれぞれ次のような2文に分解できる。

(a)　① The man deceived me.　② I thought 　he　 was my friend.
(a')　① The man deceived me.　② I thought 　him　 to be my friend.

（注）　(a) の 　he　 は who に，(a') の 　him　 は whom に変わる。(a) では結果として関係節中に I thought が挿入されたような形になるので，I thought を取り外して考えるとわかりやすい。

5 what の用法

（a） I could not believe **what** he said.
　　　（私は彼の言ったことを信じられなかった）

（b） I could not believe that he said so.
　　　（私は彼がそう言ったということは信じられなかった）

> **解説**　(a), (b) の下線部（名詞節）は，次のように分析される。
>
> (a′)　<u>what</u> <u>he</u> <u>said</u>　　(b′)　<u>that</u> <u>he</u> <u>said</u> <u>so</u>
> 　　　 O　 S　 V　　　　　　　 接　 S　 V　 O
>
> このように，what は次の2つの働きを合わせ持っている。
> 　① 名詞節をつくる……接続詞の働き
> 　② 自分自身が目的語（または主語）になる……代名詞の働き
>
> **what は先行詞を含んだ関係代名詞**であり，
>
> (a′)　= <u>the thing(s)</u> <u>that</u> <u>he</u> <u>said</u>
> 　　　　　　先　　　　 関　 S　 V

（c） He is just **what** I expected.
　　　（彼は私が思っていたとおりの人だ）

（c′） I heard **what** sounded like footsteps.
　　　（足音のようなものが聞こえた）

> **解説**　これらの what は「～のようなもの(the kind of thing or person that ～)」の意。この what も先行詞を含んでいるので，たとえば (c) の what を who で置きかえることはできない（who なら先行詞が必要）。

6 関係詞 as, than

(a) He is **as** great a poet **as** ever lived.
　　（今までに彼ほど偉大な詩人はいない）

(a′) **As is usual with** students, he spends all money he has.
　　（学生にはよくあることだが，彼は持ち金をすべて使ってしまう）

> **解説** 関係詞の as は次のいずれかの場合に用いる。
>
> ① 前に **as・so・such・the same** があるとき ― 例文（a）
> ② **前文の内容**を先行詞とするとき ― 例文（a′）
>
> 　(a′) = He spends all money he has, **as** is usual with students.
> であり，as =「彼が持ち金をすべて使うこと（＝前文の内容）」である。そして，この as 以下は前文と入れかえることができ，(a′) の文ができる。**which** にも前文の内容を先行詞とする用法があるが，which 以下を文頭に出すことはできない。
> 　〈例〉 He said nothing, **which** made her angry.
> 　　　　（彼は何も言わなかった。そしてそのことが彼女を怒らせた）

(b) Don't give him **more** money **than** is necessary.
　　（彼に必要以上の金をやるな）

> **解説** than は is の主語として働く関係代名詞である。
> 　cf. He spends more money than I (do). ＜than は接続詞＞
> 　（注）このほか but にも関係代名詞の用法があるが，今日ではほとんど使われない。

7 複合関係詞（〜 ever）

（a） **Whatever** he says is right. 〔暗記〕
　　　（彼の言うことは何でも正しい）

（a'） **Whatever** he may say, I will attend the party.
　　　（たとえ彼が何を言おうと，私はパーティーに出席する）

> **解説**　whatever など**関係代名詞＋ ever** 型の語には，次の２用法がある。
>
> ① 名詞節（〜するものは何でも）をつくる。　― 例文（a）
> ② 副詞節（たとえ何が〔を〕〜しようとも）をつくる。　― 例文（a'）
>
> ②の場合には，次の書きかえが可能である。（①の場合は不可）
> （a'）＝ **No matter what** he may say, I will attend the party.
> 　cf. **関係副詞＋ ever** の場合（whenever・wherever・however）
> 　　① You may go **wherever** you like.（どこでも）＜副詞節＞
> 　　② **Wherever**［＝ No matter where］ you may go, I will follow you.
> 　　　（たとえどこへ〜しても）＜副詞節＞

（b） ○　I will give this book **to whoever wants it.** 〔暗記〕
　　　×　I will give this book to whomever wants it.
　　　（ほしい人ならだれにでもこの本をあげます）

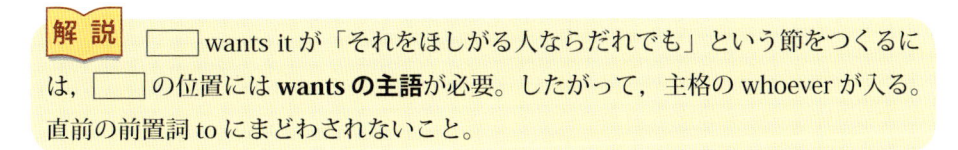

> **解説**　□ wants it が「それをほしがる人ならだれでも」という節をつくるには，□の位置には **wants の主語**が必要。したがって，主格の whoever が入る。直前の前置詞 to にまどわされないこと。

第6章 Relative 関係詞

28 次の各文の（　）内に適当な関係詞を入れなさい。ただし that は除く。

【A ランク】

1. Paris is the city (　　) is at its best in spring.
2. The office (　　) I work is close to the station.
3. The bed (　　) I sleep in is comfortable.
4. This is the town (　　) I was born.
5. A woman (　　) husband is dead is called a widow.
6. We all know the reason (　　) he failed.
7. Will the day come (　　) there will be no war? 暗記

【B ランク】

8. There are cases (　　) honesty doesn't pay.
9. She said she was thirty years old, (　　) was not true.
10. Henry was not at home, (　　) is often the case with him.
11. Such a movie (　　) will interest him must be a good one.
12. The work proved harder (　　) had been expected.

第6章　関係詞　**R**elative

1. 「パリは春が最も美しい町です」＊is の主語となる which が入る。
2. 「私の働いている事務所は駅の近くです」
   ＊I work in the office. だから関係副詞の where。
3. 「私の眠るベッドは心地よい」
   ＊I sleep in the bed. の the bed は名詞だから which。
4. 「これが私の生まれた町です」
   ＊I was born in the town. だから where。
5. 「夫を亡くした女性は未亡人と呼ばれる」
   ＊Her husband is dead. だから whose。
6. 「我々はみんな彼が失敗した理由を知っている」
   ＊the reason を先行詞とする関係詞は why。
7. 「戦争のない時代が来るだろうか」
   ＊the day を先行詞とする関係副詞の when。

8. 「正直が割に合わない場合がある」　＊case の後は where。
   { There are cases.
     Honesty doesn't pay in the cases. }　→ in which ＝ where
9. 「彼女は30歳だと言ったが、それは本当ではなかった」
   ＊前文の内容（彼女が 30 歳であるということ）を受ける which。
10. 「ヘンリーにはよくあることだが、彼は家にいなかった」
    急所　as is { often the case / usual } with 〜 ＝〜にはよくあることだが
11. 「彼の興味を引くような映画ならよい映画にちがいない」
    ＊前に such があるから which でなく as。
12. 「その仕事は思ったより難しかった」
    ＊比較級に続く関係詞 than。

<答> 1. which　2. where　3. which　4. where　5. whose　6. why　7. when
　　　8. where　9. which　10. as　11. as　12. than

29 次の各文の（　　）内から，正しい語を選びなさい。

【Aランク】

1. A man (who, whom) we think is mad sometimes makes a great invention.

2. Listen only to those (who, whom) you believe to be honest.

3. He is the man (who, whom) we can expect will come on time.

4. He is the teacher (who, whom) I want to teach me.

5. The boy (who, whom) I thought was honest told a lie.
6. You may invite (whoever, whomever) you like.

7. You may invite (whoever, whomever) likes to come.

8. He offered a helping hand to (whoever, whomever) he thought was in need of help.

9. I will do (whenever, whatever) you tell me to do.

10. I'll give the prize to (whomever, whosever) work is excellent.

第6章 関係詞 Relative

1. 「我々には気が狂っていると思えるような人が時には偉大な発明をするものだ」
   - $\begin{cases} \boxed{\text{A man}} \text{ makes a great invention.}（\boxed{}\text{が先行詞}）\\ \text{We think } \boxed{\text{先行詞}} \text{ is mad.}（\boxed{\text{先行詞}}\text{ は is の主語}） \end{cases}$

2. 「君からみて正直だと信じられる人の言うことだけ聞きなさい」
   - $\begin{cases} \text{Listen only to } \boxed{\text{those}} \text{ [= people].}\\ \text{You believe } \boxed{\text{先行詞}} \text{ to be honest.}（\boxed{\text{先行詞}}\text{ は目的格}） \end{cases}$

3. 「彼は時間通りに来ると思ってよい人だ」
   - $\begin{cases} \text{He is } \boxed{\text{the man}} \text{.}\\ \text{We can expect } \boxed{\text{先行詞}} \text{ will come on time.}（\boxed{\text{先行詞}}\text{ は主格}） \end{cases}$

4. 「彼は私が教えてもらいたいと思っている先生です」
   - $\begin{cases} \text{He is } \boxed{\text{the teacher}} \text{.}\\ \text{I want } \boxed{\text{先行詞}} \text{ to teach me.}（\boxed{\text{先行詞}}\text{ は目的格}） \end{cases}$

5. 「正直者だと思っていた少年が私にうそをついた」

6. 「君が好きな人ならだれでも招待してよろしい」
   - ＊like の目的語になる whomever。

7. 「君は来たがる人ならだれでも招待してよろしい」
   - ＊likes の主語になる whoever。

8. 「彼は助けを必要としていると思える人ならだれにでも手を貸した」
   - $\begin{cases} \text{He offered a helping hand to } \boxed{\text{anyone}} \text{.}\\ \text{（彼はだれにでも手を貸した）}\\ \text{He thought } \boxed{\text{先行詞}} \text{ was in need of help.} \end{cases}$
   - ＊下の文の 先行詞 の位置にくる主格の who が，先行詞 anyone の後に続き，anyone who が whoever に変わる。

9. 「私は君が私にしろと言うことなら何でもしよう」
   - ＊do は「〜をする」という他動詞だから，目的語（whatever）が必要。

10. 「すばらしい作品をつくった人ならだれにでもこの賞を与えよう」
    - ＊〜 to anyone whose work is excellent. と言い換えられる。

＜答＞　1. who　2. whom　3. who　4. whom　5. who　6. whomever
　　　　7. whoever　8. whoever　9. whatever　10. whosoever

第6章 Relative 関係詞

30 次の各組の [ ] 内の語を並べかえて，下の日本文に相当する英文を作りなさい。なお，文頭にくる語も小文字で始めてあります。

【Aランク】

1. [he / important / it / what / not / is / says]．（1語不要）
   （彼の言うことは重要ではない）
2. [his / me / was / attitude / surprised / cold / what / at]．
   （私を驚かせたのは彼の冷たい態度だった）　（1語不要）
3. My father [am / me / has / I / what / made]．　暗記
   （父が私を現在の私にしてくれたのだ）
4. Ruth is no longer [be / what / to / used / she]．
   （ルースはもはや昔の彼女ではない）
5. I gave him [money / had / little / I / what]．
   （私は彼に少ないながらも持っていた金を全部やった）
6. He is [a / is / what / called / bookworm]．　（彼はいわゆる本の虫だ）

【Bランク】

7. She is not [be / you / to / suppose / person / what / her]．
   （彼女は君が想像するような人ではない）（1語不要）
8. How can I do [know / wrong / is / what / I]?
   （まちがっているとわかっていることを，どうして私がやれるだろうか）
9. [to / had / what / expected / we / contrary], he refused our proposal.　（我々の期待に反して，彼は我々の提案を拒んだ）
10. Reading is to the mind [food / the / is / what / body / to]．
    （読書と精神の関係は食物と肉体の関係に等しい）

第6章　関係詞　**R**elative

1. 彼の言うこと is not important. で、□内は What（O）＋ he（S）＋ says（V）。
2. 私を驚かせたもの was his cold attitude. で、□内は What（S）＋ surprised（V）＋ me（O）。
3.4. 🔶急所 what I am（現在の私）↔ what I used to be（昔の私）

5. what little ～＝少ないながらもすべての～
   cf. I sold what few books I had.（持っていたわずかばかりの本を全部売った）
6. what is called ＝ what we［they］call ＝いわゆる

7. She is not the kind of person whom you suppose her to be.
   　　　　　　　└→ what（～のような人）
8. ｛How can I do the thing ?
   　 I know 先行詞 is wrong.｝
   → How can I do the thing which I know is wrong.
   　　　　　　　　　　└→ what
9. what we had expected ＝我々の期待したこと

10. **A is to B what C is to D** ＝ A と B の関係は C と D の関係にひとしい
    ＊to B を文尾に移してみると、「A は B に対して、C が D に対してそうであるところのものである」がもとの意味であることがわかる。

＜答＞　1. What he says is not important.　2. What surprised me was his cold attitude.
　　　 3. My father has made me what I am.　4. Ruth is no longer what she used to be.
　　　 5. I gave him what little money I had.　6. He is what is called a bookworm.
　　　 7. She is not what you suppose her to be.　8. How can I do what I know is wrong?
　　　 9. Contrary to what we had expected, ～　10. ～ what food is to the body.

第6章 Relative 関係詞

31 次の各文に誤りがあれば訂正しなさい。なければ番号に○をつけなさい。

【Aランク】

1. I lost the watch that I bought it last month.
   （私は先月買った時計をなくしました）

2. This is the house in which I lived in my early days.
   （これが私が幼い頃に住んでいた家です）

3. Please show me that you have in your hand.
   （手に持っているものを見せて下さい）

4. The mountain the summit of which you can see over there is Mt.Fuji.
   （むこうに頂上が見える山が富士山です）

5. This is a proverb which I don't know the meaning.
   （これは私には意味がわからないことわざです）

6. It is one of the most important events that has happened this year.
   （それは今年起こった最も重要なできごとの一つだ）

7. She is diligent, and that is better, very polite.
   （彼女は勤勉だ。そしてさらによいことにはとても礼儀正しい）

8. However they may work hard, they will not succeed.
   （どんなに彼らが懸命に働いても，成功することはないだろう）

第6章　関係詞　**R**elative

1. the watch ［that I bought］ だから，it は不要。
　　　　　　　　　　O　S　　V
2. ⎰ This is the house ．
　 ⎱ I lived in the house in my early days.
　　　下の文の in the house が in which となったものだから，正しい。
3. that が関係代名詞だとすると，先行詞（the thing）が必要。ここは，先行詞を含む関係代名詞の what（＝ the thing which）が正しい。
4. ⎰ The mountain is Mt.Fuji.
　 ⎱ You can see the summit of the mountain over there.
　　　下の文で，the summit of which（＝ whose summit）というひとかたまりの関係詞ができる。
5. ⎰ ⓐ This is a proverb．
　 ⎨ ⓑ I don't know the meaning of a proverb．
　 ⎱ ⓑ′ I don't know its meaning．
　　　ⓐとⓑから，This is a proverb the meaning of which I don't know.
　　　ⓐとⓑ′から，This is a proverb whose meaning I don't know. ができる。
6. 先行詞が複数（events）だから関係節中の動詞は複数（have happened）で受ける。
7. 急所 **what is** ＋比較級＝さらに～なことには（p.207参照）
　　　〈例〉what is worse ＝ to make matters worse（さらに悪いことには）
8. how は very や too と同じく，後の形容詞（副詞）と結合してひとかたまりの意味を形成する。したがって **however hard**（どんなに懸命に～しても）を切りはなすことはできない。
　　　However hard they may work, they will not succeed. 暗記

＜答＞　1. it →とる　2. ◯　3. that → what　4. ◯　5. which I don't know the meaning → whose meaning I don't know / the meaning of which I don't know（of which the meaning I don't know も可）　6. has happened → have happened　7. that → what　8. However they may work hard → However hard they may work

第6章 Relative 関係詞

【Bランク】

9. She said she had never seen me, that was a lie.
  （彼女は私にあったことがないと言ったが，それはうそだった）

10. The ease which he solved the problem surprised them.
   （彼がかんたんにその問題を解いたので彼らは驚いた）

11. I employed a man whose past I knew nothing.
   （私はある男を雇ったが，その過去は何も知らなかった）

12. This is what I could not attend the meeting.
   （こういうわけで私はその会に出席できませんでした）

13. This is because he made a fortune.
   （こうして彼はひと財産築いたのです）

14. He has two daughters, both of whom are married.
   （彼には二人の娘がいるが，二人とも結婚している）

15. He is the writer who I think is wrote this novel.
   （彼がこの小説を書いたと私には思える作家です）

9. that を前文を受ける代名詞と考えると，S + V，S + V.という形になり，文と文を結ぶべき接続詞がなくなる。そこで，前文の内容を受ける関係代名詞のwhich を置く。**that には継続用法**（, that 〜の形）**がない**ので，この which は that で代用できない。

10. { He solved the problem **with ease**.（彼はたやすくその問題を解いた）
The ease surprised them.（そのたやすさが彼らを驚かせた）

＊下の文の ease を先行詞として，「（彼がその問題を解いた）たやすさが彼らを驚かせた」という文を作る。

〈例〉 I was surprised at the care with which he did the work.
（彼がその仕事をした際の注意深さに私は驚いた）

11. { I employed a man .（私はある男を雇った）
I knew nothing of ［about］ his past.
（私は彼の過去について何も知らなかった）

12. **This ［That］ is why 〜** ＝こう［そう］いうわけで〜［理由］

13. **This ［That］ is how 〜** ＝この［その］ようにして〜［方法］

（注）**This is because 〜**は「これは〜だからだ」である。つまり，
This ［理由］ is why ［結果］ ↔ This ［結果］ is because ［理由］

14. ＝〜 , and both of them are married. だから正しい。

15. I think を外してみると，wrote の前の is が不要であることがわかる。

<答> 9. that → which 10. which → with which 11. 文尾または whose の前に of ［about］を補う。 12. what → why 13. because → how 14. ○ 15. is wrote → wrote

第7章 Preposition 前置詞

1 誤りやすい前置詞

（a） I'll be back { ○ by / × till } seven o'clock.（7時までに帰ってきます）

（b） We went swimming { ○ in / × to } the river.（我々は川へ泳ぎに行った）

（c） I ordered the book { ○ from / × to } Germany.（私はその本をドイツへ注文した）

解説

急所

（a） by =「〜までに」⇔ till =「〜まで」

〈例〉・Come back by seven o'clock.（7時までに戻りなさい）

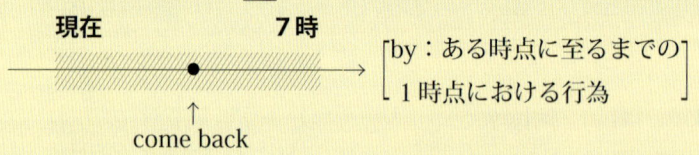

```
現在            7時
────●──────→   [by：ある時点に至るまでの
    ↑           1時点における行為]
  come back
```

・Wait till seven o'clock.（7時まで待ちなさい）

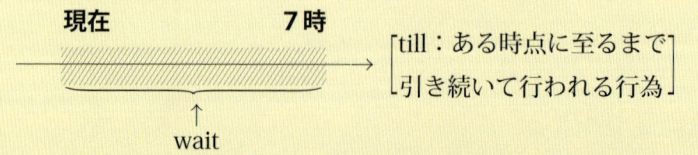

```
現在            7時
////////////→   [till：ある時点に至るまで
    ↑           引き続いて行われる行為]
   wait
```

（b） ① to the river（「川へ」）は go を修飾する。
② すると，swimming と to the river とのつながりがなくなる。
③ その結果，「川で泳ぐ」という意味が生まれなくなり，「泳ぎながら川へ行く」という解釈が生じる。
④ 以上の理由から，「川で泳ぎに」＋「行く」と考えて，**go swimming in the river** とするのが正しい。

〈例〉・go fishing **in** the river（川へ釣りに行く）
　　　・go shopping **at** the department store
　　　　（デパートへ買い物に行く）
（**c**）「～へ○○を注文する」は **order** ○○ **from** ～と表現する。このように，日本語の助詞からの連想と食い違う前置詞に注意。

2 動詞と前置詞の結びつき

（**a**）　Their father's illness **added to** the family trouble.
　　　　（父親の病気が家族の心配を増やした）＜ add to ＝ **increase** ＞
（**b**）　The scandal **deprived** her **of** her popularity. 🗣暗記
　　　　（そのスキャンダルが彼女から人気を奪った）
（**c**）　Water **consists of** hydrogen and oxygen. ＜＝ is composed of ＞
　　　　（水は水素と酸素から成る）
（**c'**）　Happiness **consists in** content. ＜＝ lies in ＞
　　　　（幸福は満足することにある）

解説　（a）（b）のように１つの前置詞とのみ結びつく動詞と，（c）（c'）のように２つ以上の前置詞と結びつく動詞がある。<u>１語動詞での書き換えも覚えておくとよい</u>。

急所 動詞句の書き換え

take after	＝ resemble	（～に似ている）
make out	＝ understand	（理解する）
turn out	＝ prove	（～とわかる）
bring about	＝ cause	（引き起こす）
look up to	＝ respect	（尊敬する）
put off	＝ postpone	（延期する）
care for	＝ like	（好む）
add to	＝ increase	（～を増す）
put up with	＝ endure	（耐える）
catch up with	＝ overtake	（追いつく）

第7章 Preposition 前置詞

32 次の各文の（　）内から適語を選びなさい。

【Aランク】

1. His remark is (in, with, of) great importance.
   （彼の意見はきわめて重要である）

2. (For, To, In) our great surprise, he failed again.
   （私たちが大変驚いたことに，彼は再び失敗した）

3. There is something noble (with, around, about) him. 暗記
   （彼にはどこか上品なところがある）

4. Don't speak (in, with, when) your mouth full.
   （口に物を入れたままでしゃべるな）

5. The festival begins (in, on, from) May 3rd.
   （お祭りは5月3日から始まる）

6. They went swimming (to, in, toward) the river.
   （彼らは川へ泳ぎに行った）

第7章 前置詞 **Preposition**

1. **急所** of ＋抽象名詞＝形容詞
   - of importance　　＝ important（重要である）
   - of use　　　　　＝ useful（役に立つ）
   - of value　　　　＝ valuable（価値がある）
   - of no use　　　　＝ useless（役に立たない）
   - of help［service］＝ helpful（役に立つ）

2. **急所** to one's ＋感情名詞（〜が〜する［した］ことに）
   - to one's surprise（驚いたことに）
   - to one's delight（うれしいことに）
   - to one's disappointment（がっかりしたことに）
   - to one's sorrow（悲しいことに）
   - to one's relief（安心したことに）
   - to one's satisfaction（満足したことに）

3. **急所** There is something ＋形容詞＋ about 〜＝〜にはどこか…なところがある

4. with は付帯状況を表す。＜ with ＋O＋C ＞の形で,「OがCである状態で」という意味（p.61参照）。この文は「口がいっぱいの状態で」。
   ＜類例＞ with one's eyes closed ＝（目が閉じられた状態で→）目を閉じて

5. **急所** begin from 〜とは言わない。
   ＊「〜から始まる」と日本語では言うが,英語ではたとえば「5月3日に始まる」と考える。

6. p.110を参照。

＜答＞　1．of　2．To　3．about　4．with　5．on　6．in

第7章 Preposition 前置詞

7. ⓐ Heat changes water (for, into, in) steam. 暗記
   (熱は水を蒸気に変える)

   ⓑ Change your dirty clothes (for, into, by) clean ones.
   (汚れた服をきれいな服に着替えなさい)

8. We talked (with, in, over) a cup of tea.
   (私たちはお茶を飲みながら話した)

9. Be sure to come back (on, by, till) five o'clock.
   (5時までに必ず帰って来なさい)

10. I'll be back (after, in, for) a few minutes. 暗記
    (2,3分で戻ってきます)

11. He speaks French (except, beside, besides) English.
    (彼は英語に加えてフランス語も話す)

12. ⓐ The train arrived (in, on, just) time.
    (列車は時間通りに着いた)

    ⓑ We were (in, on, within) time for the train.
    (我々は列車に間に合った)

13. Are you (for, with, up) or against the plan?
    (君はその計画に賛成ですか反対ですか)

14. He looks young (for, in, than) his age.
    (彼は年のわりに若く見える)

15. Be careful (of, in, at) choosing your freiends.
    (友人を選ぶときは気をつけなさい)

16. ⓐ I learned English (by, from, to) my uncle.
    (私はおじさんに英語を教えてもらった)

    ⓑ I was taught English (by, from, to) my uncle.
    (私はおじさんに英語を教えてもらった)

第7章　前置詞　Preposition

7. **急所** into ＋（変化の）結果
   ① V ＋ into ～：
   ・turn［change］into A（Aに変わる）
   ・burst into tears［laughter］（わっと泣き［笑い］出す）
   ・break into pieces（こなごなにこわれる）
   ② V ＋ O ＋ into ～：
   ・put［translate］A into B（AをBに翻訳する）
   ・change［convert］A into B（AをBに変える）
   ・make A into B（AをBに作る）
   ⓑ change［exchange］A for B ＝ AをBと交換する

8. **急所** over ＝ ～しながら

9. by（～までに）⇔ till（～まで）（→ p.110参照）

10. **急所** in ＝ 今から～たてば＜未来時制とともに用いる＞
    cf. He came back after a few minutes.（彼は2, 3分で戻ってきた）
    　　　　　　　　　↳ ＜過去時制とともに用いる＞

11. ｛ besides ＝ ～に加えて（＝ in addition to）
    　 beside ＝ ～のそばに（＝ by）

12. ｛ on time ＝ 時間通りに
    　 in time (for ～) ＝（～に）間に合って（⇔ late for ～）

13. for（～に賛成して）⇔ against（～に反対して）

14. for ＝ ～の割には
    （例）It is rather cold for April.（4月にしてはかなり寒い）

15. in ＝ ～するとき［場合］に
    Be careful when you chose your friends. と言い換えることができる。

16. ｛ learn A from B ＝ BからAを学ぶ
    　 be taught A by B ＝ BにAを教わる＜受身文＞

＜答＞　7. ⓐ into　ⓑ for　8. over　9. by　10. in　11. besides　12. ⓐ on　ⓑ in
　　　　13. for　14. for　15. in　16. ⓐ from　ⓑ by

第7章 Preposition 前置詞

17. I will leave (to, for, in) London (to, up, toward) the end of this month. （私は今月の終わりごろロンドンへ向けて出発します）
18. He saved the drowning child (in, by, at) the cost of his own life.
（彼は自分の命を犠牲にしてそのおぼれかけた子を助けた）

19. The bullet train travels (at, in, by) the speed of 250 km an hour.
（新幹線は時速250キロで走る）

【Bランク】

20. I was nearly frozen (in, for, to) death.
（私はあやうく凍え死ぬところだった）

21. Our school is within three miles (to, from, of) the station.
（私たちの学校は駅から3マイル以内にある）
22. The ship was sailing (in, on, to) the direction of Hawaii.
（その船はハワイの方角へ進んでいた）
23. I am (of, in, on) the opinion that children should be taught good manners. （子供には行儀を教えこむべきだと思います）
24. The old man is a little hard (in, of, to) hearing.
（その老人は少し耳が遠い）
25. He rose (on, to, by) his feet and began to speak.
（彼は立ち上がって話し始めた）

第7章 前置詞 Preposition

17. start [leave] for ～＝～へ向けて出発する
    toward(s) ＋時間・数量＝～ごろ，～くらい（＝ about）

18. 急所 「代価」「犠牲」の at
    ① These goods are sold at a high [low] price.
    （これらの商品は高い［低い］値段で売られている）
    ② He had to borrow the money at high interest.
    （彼はその金を高い利息で借りねばならなかった）
    ③ He worked at the cost [expense] of his health.
    （彼は健康を犠牲にして働いた）
    ④ He tried to do it at the risk of his life.
    （彼は命の危険を冒してそれをしようとした）

19. 「割合」の at { at the rate of ＝～の割合で / at full speed ＝全速力で }

20. 急所 「到達点」「結果」の to
    ① They were starved [frozen・burnt] to death.
    （彼らは餓死［凍死・焼死］した）
    ② I got wet to the skin.（私をずぶぬれになった）
    ③ He stood up to his knees in the water.（彼はひざまで水につかっていた）
    ④ The glass broke to pieces.（コップはこなごなにこわれた）

21. within ｜距離＋of ～＝～から…以内のところに
    ＊within は位置関係を表すので，運動などの起点を表す from とは相性が悪い。

22. in the direction of ～＝～の方向に
    ＊to the direction of だと「～の方向の方へ」となり，「方向」の概念が重複する。

23. be of（the）opinion that ～＝～という意見である

24. hard of hearing ＝耳が遠い　＊blind of one eye は「片目が不自由だ」。

25. 動詞＋to one's feet ＝～して立つ
    〈例〉 jump to one's feet（跳び上がって立つ）

＜答＞ 17. for / toward　18. at　19. at　20. to　21. of　22. in　23. of　24. of　25. to

第7章 Preposition 前置詞

26. The use of ETC cards is (in, on, by) the increase.
    （ETCカードの使用は増加しつつある）
27. They were in search (of, for, to) gold.
    （彼らは金鉱を捜していた）
28. The road is (in, on, under) construction.
    （その道路は工事中です）
29. I have a liking (to, for, in) French wine.
    （私はフランス産のワインが気に入っている）
30. The town is situated 1,500 meters (up, on, above) sea level.
    （その町は海抜1,500メートルのところにある）
31. This morning it is five degrees (below, under, down) zero.
    （今朝は零下5度だ）
32. He was named Jack (in, from, after) his uncle.
    （彼はおじさんの名にちなんでジャックと名付けられた）
33. We see a hotel (at, in, to) the distance.
    （遠くにホテルが見える）
34. Put it (in, at, within) the reach of children.
    （それは子どもの手のとどくところに置きなさい）
35. ⓐ Look at that woman (in, on, by) white.
    （あの白い服を着た女性を見なさい）

    ⓑ The child had nothing (in, on, but). （その子は何も着ていなかった）
36. He is an authority (in, on, to) British constitutional history.
    （彼は英国憲法史の権威だ）
37. At that time Japan was (at, in, on) war with America.
    （当時日本はアメリカと交戦中だった）
38. Cattle live (on, by, from) grass.
    （牛は草を食べて生きている）
39. The train was ten minutes (for, against, behind) time.
    （列車は10分遅れた）

第7章 前置詞　Preposition

26. **on the increase** ＝増加しつつある

27. **search for**（〜を捜す）⇔ **be in search of**（〜を捜している）
    ＊前置詞の違いに注意。

28. **under construction** ＝工事［建設］中で
    〈例〉 under repair（修理中で）・under discussion（討議中で）

29. **have a liking for** 〜＝〜を気に入っている

30. **above sea level** ＝海抜

31. **below zero** ＝零下

32. **after** ＝〜にちなんで　＊name A after B の形で出ることが多い。

33. **in the distance**（遠くに）⇔ **at a distance**（少し離れて）

34. { **within the reach of** ＝〜の手の届くところに
    out of [beyond] the reach of ＝〜の手のとどかないところに

35. ⓐⓑとも「着用（〜を着て）」の意味をもつ語を選ぶが，ⓐの **in** は前置詞，ⓑの **on** は副詞である。

36. 「〜に関する」という意味の前置詞が入る。
    〈例〉 a book <u>on</u> economics ＝経済学に関する本

37. **at** は「従事」「状態」を表す。
    〈例〉 <u>at</u> school（授業中），<u>at</u> work（仕事をして），<u>at</u> dinner（食事中），<u>at</u> peace（平和で）

38. **on** は「〜に基づいて」という意味を表す。**live [feed] on** は「〜を常食とする」。
    cf. I can't <u>live on</u> my salary.（私は給料では暮らせない）

39. **behind time** は「定刻に遅れて」の意味。
    cf. You are <u>behind the times</u> in thought.（君は考え方が時代遅れだ）

〈答〉　26. on　27. of　28. under　29. for　30. above　31. below　32. after　33. in
34. within　35. ⓐ in　ⓑ on　36. on　37. at　38. on　39. behind

Preposition 前置詞

40. Something unusual was (beside, near, about) to happen.
　　（何か異常なことが起こりかけていた）

41. Nobody have heard of it (beside, beyond, but) me.
　　（そのうわさを聞いたのは私しかいない）

42. The thief was caught by a policeman (out of, off, except) duty.
　　（泥棒は非番の警官に捕まった）

43. (In, On, By) receipt of the news I immediately telephoned him.
　　（その知らせを受けるとすぐ私は彼に電話した）

44. (To, With, By) your health, I could do that.
　　（私が君くらい健康だったら，それができるのだが）

45. The bus went (out of, off, beside) sight.
　　（バスは見えなくなった）

第7章　前置詞　Preposition

40. **be about to** 〜＝今にも〜しかけている（＝ be on the point of 〜 ing）

41. **but** ＝ **except**（〜を除いて）
    〈例〉・He is the tallest boy but one in this class.
    （彼はこのクラスで一人を除いて一番背が高い→彼はこのクラスで二番目に背が高い）

42. **off duty**（仕事が休みで）⇔ **on duty**（勤務中で）
    cf.　I'll have a day off on Saturday.（土曜日は休暇を取るつもりだ）

43. **on ＋名詞**［〜 ing］＝〜するとすぐに

44. **with**（もし〜があれば）⇔ **without**（もし〜がなかったら）

45. 🏁急所 「〜の外に」の **out of**
    - ・out of reach（手の届かないところに）
    - ・within reach（手の届くところに）

    - ・out of season（季節はずれで）
    - ・in season（旬で）

    - ・out of fashion（すたれて）
    - ・in fashion（流行して）

    - ・out of date（時代遅れで）
    - ・up to date（現代的で）

＜答＞　40. about　41. but　42. off　43. On　44. With　45. out of

第7章 Preposition 前置詞

33 次の各文の（　）内に適当な前置詞または副詞を入れなさい。

【Aランク】

1. His parents approved (　　　) the engagement.
2. Your bill amounts (　　　) $100.

3. The authorities will answer (　　　) his safety.

4. What has become (　　　) the boy? 暗記

5. He insisted (　　　) his innocence.
6. What do you mean (　　　) that? 暗記

7. We congratulated him (　　　) his success.

8. He was engaged (　　　) medical researches.
9. This road leads (　　　) the station.
10. A severe cold prevented him (　　　) attending the meeting.

11. The girl learned the poem (　　　) heart.
12. I informed her (　　　) our departure.

【Bランク】

13. We should allow (　　　) the delay of the train.

14. The hunter aimed (　　　) the bear.
15. She accused him (　　　) stealing the car.

16. Don't complain (　　　) your food.
17. A large number of English words derives (　　　) Latin.

第7章 前置詞 Preposition

1. 「彼の両親はその婚約に同意した」　approve of ～＝～に賛成する
2. 「君の勘定は合計100ドルになる」
     amount to ～＝ add up to ～＝合計～になる
3. 「当局が彼の安全を保障するだろう」
     answer for ～＝～を保障する
4. 「その少年はどうなったのか」
     become of ～＝ happen to ～＝～に（～が）起こる
5. 「彼は自分の無実を主張した」　insist on ～＝～を主張する
6. 「それはどういう意味ですか」
     ＊直訳は「あなたはそれによって何を意味しますか」
7. 「我々は彼の成功を祝った」
     congratulate ＋人＋ on ＋事柄＝（人）の（事柄）を祝う
8. 「彼は医学の研究に従事していた」　be engaged in ～＝～に従事する
9. 「この道は駅へ通じている」　lead to ～＝～へ通じる
10. 「ひどい風邪のために彼は会議に出席できなかった」
     prevent A from ～ ing ＝Aが～するのを妨げる
11. 「少女はその詩を暗記した」　learn ～ by heart ＝～を暗記する
12. 「私は彼女に我々の出発のことを知らせた」
     inform ＋人＋ of ＋事柄＝（人）に（事柄）を知らせる

---

13. 「我々は列車の遅れを考慮に入れるべきだ」
     allow for ～＝ take ～ into consideration ＝～を考慮に入れる
14. 「猟師はその熊をねらった」　aim at ～＝～をねらう
15. 「彼女は車を盗んだことで彼を訴えた」
     accuse ＋人＋ of ＋事柄＝（事柄）で（人）を告訴する
16. 「食べ物に不満を言うな」　complain of［about］～＝～に不満を言う
17. 「多くの英単語がラテン語に由来している」 derive from ～＝～に由来する

＜答＞　1. of　2. to　3. for　4. of　5. on　6. by　7. on　8. in　9. to　10. from
　　　　11. by　12. of　13. for　14. at　15. of　16. of［about］　17. from

Preposition 前置詞

18. I am fed up (　　　) his complaints.

19. We substitute margarine (　　　) butter.

20. He was leaning (　　　) the wall.
21. I have hit (　　　) a way to solve the problem.
22. He participated (　　　) the meeting.
23. I pointed (　　　) his mistake.
24. I could not refrain (　　　) laughter.
25. I am suffering (　　　) a bad cold.
26. Don't worry (　　　) such a trifle.
27. My wife shares joys and sorrows (　　　) me.

28. I can't figure (　　　) what he wants to do.
29. Please drop (　　　) to see us anytime.
30. Some day the truth may dawn (　　　) you.
31. Don't try to impose your opinion (　　　) me.

32. We will not dwell (　　　) that matter any longer.

33. We must not resort (　　　) force.
34. They attributed his success (　　　) hard work.

35. He contributed (　　　) the growth of our company.
36. The law prohibits minors (　　　) smoking.

37. He always persists (　　　) his opinion.
38. We are longing (　　　) the holidays.

18. 「私は彼のぐちにはうんざりしている」 be fed up with ～＝～にうんざりしている
19. 「我々はバターの代わりにマーガリンを使う」 substitute A for B ＝BをAで代用する
20. 「彼は壁にもたれていた」 lean against ～＝～にもたれる
21. 「私はその問題の解決法を思いついた」 hit on ～＝～を思いつく
22. 「彼はその会に参加した」 participate in ～＝ join ～＝～に参加する
23. 「私は彼の誤りを指摘した」 point out ＝指摘する
24. 「私は笑わずにいられなかった」 refrain from ～＝～を差し控える
25. 「私はひどい風邪をひいている」 suffer from ～＝～で苦しむ
26. 「そんなささいなことを心配するな」 worry about ～＝～を心配する
27. 「妻は喜びも悲しみも私と分かちあっている」 share A with B ＝BをAと共有する
28. 「私には彼が何をしたいのかわからない」 figure out ＝ understand ＝理解する
29. 「いつでも我々のところに立ち寄ってください」 drop in ＝立ち寄る
30. 「いつか君にも真実がわかるだろう」 dawn on ～＝～にわかってくる
31. 「君の意見を私に押しつけようとしないでくれ」 impose A on B ＝BにAを押しつける
32. 「その問題をこれ以上討論するのはやめよう」 dwell on ～＝～をくわしく論じる・考える
33. 「我々は力に頼ってはならない」 resort to ～＝～に訴える
34. 「彼らは彼の成功を猛勉強のおかげと考える」 attribute A to B ＝AをBのおかげ［せい］にする
35. 「彼はわが社の成長に貢献した」 contribute to ～＝～に貢献する
36. 「法律は未成年者の喫煙を禁じている」 prohibit A from ～ ing ＝Aが～するのを禁じる
37. 「彼はいつも自分の意見に固執する」 persist in ～＝～に固執する
38. 「私たちは休みを待ちこがれている」 long for ～＝～を切望する

＜答＞ 18. with 19. for 20. against 21. on 22. in 23. out 24. from 25. from 26. about 27. with 28. out 29. in 30. on 31. on 32. on 33. to 34. to 35. to 36. from 37. in 38. for

第7章 Preposition 前置詞

34 次の各文の（　）内に適当な前置詞または副詞を入れて，下の日本文に相当する英文を完成しなさい。

【Aランク】

1. I came (　　　) some old letters when tidying my desk.
   （机を整理していたら古い手紙を偶然見つけた）
2. She brought (　　　) seven children.
   （彼女は7人の子どもを育てた）
3. Gambling brought (　　　) his ruin.
   （賭けごとが彼の破滅を招いた）
4. I'll have him look (　　　) my cat.
   （彼に猫の世話をしてもらうつもりだ）
5. He looks down (　　　) uneducated people.
   （彼は教育を受けていない人々を軽蔑する）
6. They look up (　　　) him as their leader.
   （彼らは彼を指導者として尊敬している）
7. She looked (　　　) the missing money.
   （彼女はなくしたお金を捜した）
8. I'm looking (　　　) to seeing your uncle.
   （君のおじさんに会うのを楽しみにしています）
9. Bob takes (　　　) his father.
   （ボブはお父さんに似ている）
10. I took him (　　　) an American.
    （私は彼をアメリカ人とまちがえた）
11. He took (　　　) his shoes.
    （彼は靴を脱いだ）
12. Never put (　　　) till tomorrow what you can do today.
    （今日できることを明日に延ばすな）

第7章 前置詞 **Preposition**

1. come across ＝ find・encounter（偶然見つける，出くわす）
    * run across［into］も同じ意味である。
2. 【急所】 bring up ＝ raise・rear（育てる）
    * grow（育つ）と区別すること。
3. 【急所】 bring about ＝ cause（引き起こす）
    * come about ＝ happen（起こる）とセットで暗記しよう。
4. look after ＝ take care of（世話をする）
5. 【急所】 look down on［upon］＝ despise（軽蔑する）
6. 【急所】 look up to ＝ respect（尊敬する）
    * look up at 〜（〜を見上げる）・look up 〜（〜を調べる）と区別すること。
7. look for ＝ seek（捜す）
8. look forward to ＝ anticipate（〜を楽しみに待つ）
    * to の後に動詞を置くときは，〜ing（動名詞）になる点に注意。
9. 【急所】 take after ＝ resemble（〜に似ている）
10. take［mistake］A for B ＝ A を B とまちがえる
11. take off ＝脱ぐ（⇔ put on ＝着る）
    cf. The plane took off at six.（その飛行機は6時に離陸した）
12. 【急所】 put off ＝ postpone（延期する）
    * put on（着る）からの連想で「脱ぐ」を put off としやすいが，正しくは take off である。

<答> 1. across 2. up 3. about 4. after 5. on 6. to 7. for 8. forward
     9. after 10. for 11. off 12. off

第7章 Preposition 前置詞

13. I can't put up (　　　) your idleness any longer.
    （私は君の怠けぐせにはもうがまんできない）
14. The rumor turned (　　　) to be true. 暗記
    （そのうわさは真実であるとわかった）
15. Only a few members turned (　　　) at the meeting.
    （その会合に来た会員はほんのわずかだった）
16. I'll have to turn (　　　) his offer.
    （私は彼の申し出を拒絶せねばならないだろう）

17. I can't make (　　　) what he wants.
    （彼が何を欲しているのかさっぱりわからない）
18. Would you care (　　　) some tea?
    （お茶はいかがですか）
19. This plan calls (　　　) a lot of money.
    （この計画には多額の金を要する）
20. I ran so fast that I soon caught up (　　　) him.
    （私はとても速く走ったので，すぐに彼に追いついた）
21. She's always finding fault (　　　) her mother.
    （彼女はいつも母のあらさがしばかりしている）
22. Can you tell a mouse (　　　) a rat?
    （君ははつかねずみと野ねずみの区別がつきますか）
23. I used to sit (　　　) late in my school days.
    （私は学生時代よく遅くまで夜ふかししたものだ）
24. I can't get (　　　) with him.
    （私は彼とはうまくやっていけない）

13. 🈴 put up with ＝ endure, stand, bear（がまんする）

14. 🈴 turn out ＝ prove（～とわかる）

15. 🈴 turn [show] up ＝ come（来る）, appear（現われる）

16. 🈴 turn down ＝ reject（拒絶する）
    *次の表現にも注意。

turn on	turn off	turn up	turn down
（スイッチを）つける	（スイッチを）消す	ボリュームを上げる	ボリュームを下げる
―	―	来る，現われる	拒絶する

17. 🈴 make out ＝ understand（理解する）

18. 🈴 care for ＝ like（好む）
    *否定文，疑問文中で用いる。

19. call for ＝ require（要求する）

20. 🈴 catch up with ＝ overtake（追いつく）

21. find fault with ＝ criticize（あらさがしをする）

22. tell A from B ＝ distinguish $\begin{cases} \text{A from B} \\ \text{between A and B} \end{cases}$ （AとBを区別する）

23. sit up ＝寝ずに（起きて）いる

24. get along（with ～）＝（～と）仲良くやっていく，暮らしていく
    cf. I can't get along on my salary.
        （私は月給では暮らしていけない）

＜答＞　13. with　14. out　15. up　16. down　17. out　18. for　19. for　20. with
　　　　21. with　22. from　23. up　24. along

第7章 Preposition 前置詞

25. World War II broke (　　　) in 1939.
   （第二次世界大戦は1939年に起こった）
26. I called (　　　) him (　　　) his office.
   （私は彼を彼の事務所に訪れた）

35 次の各組に与えられた語を並べかえて，下の日本文に相当する英文を完成しなさい。

【Aランク】

1. The war ［their / many / of / mothers / sons / deprived］.
   （その戦争で多くの母親たちが息子を失った）

2. I owe ［today / my / I / mother / to / am / what］. 🟢暗記
   （今日の私があるのは母のおかげだ）

3. He depends ［his / school / for / uncle / expenses / on］. 🟢暗記
   （彼は学費をおじさんに頼っている）

4. I was ［a / to / at / what / loss / do］.
   （私はどうしてよいかわからなくて途方に暮れた）

【Bランク】

5. He ［the / use / put / to / information / good］.
   （彼はその情報を十分に利用した）
6. They referred ［a / as / to / miser / John］.
   （彼らはジョンを守銭奴と呼んだ）

25. **break out** ＝（戦争・火事などが）勃発する，起こる

26. **call on** ＋人［**at** ＋家］ ＝ **visit**（訪問する）
    cf. **drop in on** ＋人［**at** ＋家］＝〜の所に立ち寄る

1. 急所 「分離」の **of**（AからBを引き離す）
   ・**deprive**［**rob**］**A of B** ＝AからBを奪う
   ・**cure A of B** ＝AのBを治す
     〈例〉 The doctor cured him of his illness.
   ・**clear A of B** ＝AからBを取り除く
     〈例〉 They cleared the road of snow.

2. 急所 **A owe B to C** ＝AにとってBはCのおかげだ
     〈例〉 I owe it to you that I am now so successful.　＊itは仮目的語。
           （私が今日このように成功しているのはあなたのおかげです）

3. 急所 （Bを）Aに頼る［当てにする］
   ① {depend / count / rely / fall back} on A (for B)　② {turn / look} to A (for B)

4. **at a loss** ＝当惑して　＊後には（疑問詞＋）to不定詞などを置く。
     cf. I was at a loss for words.（私は当惑して言葉が出なかった）

5. **put 〜 to (good) use** ＝〜を（十分）利用する

6. **refer to A as B** ＝AをBと呼ぶ
     cf. **refer to A** ＝①Aに言及する　②Aを参照する

34＜答＞　25. out　26. on/at
35＜答＞　1. The war deprived many mothers of their sons.　2. I owe what I am today to my mother.　3. He depends on his uncle for school expenses.　4. I was at a loss what to do.　5. He put the information to good use.　6. They referred to John as a miser.

第7章 Preposition 前置詞

36 次の各組の文の下線部の語句を言い換える動詞として適当なものを下の語群中から選びなさい。ただし，選ぶ動詞はすべて原形で示してあります。

【Aランク】

A

1. A great change has <u>come about</u> since the war.
2. We have to <u>look into</u> the cause of the accident.
3. We <u>look on</u> him as a great scholar.
4. We had to <u>get over</u> many difficulties.
5. Have you <u>got through with</u> the newspaper?
6. This cold weather will <u>go on</u> for a long time.
7. He has <u>gone through</u> bankruptcy.
8. She <u>set about</u> her homework after supper.

| ア．continue | イ．happen | ウ．overcome | エ．begin |
| オ．regard | カ．examine | キ．experience | ク．finish |

B

9. They <u>gave in</u> to the enemy.
10. She <u>made up her mind</u> to marry him.
11. I will <u>take part in</u> the meeting.
12. You can <u>make use of</u> this room.
13. You may <u>catch sight of</u> my house from the train.
14. Their father's illness <u>added to</u> their trouble.
15. There is no <u>accounting for</u> tastes.
16. What does "P. T. A." <u>stand for</u>?

| ア．join | イ．represent | ウ．decide | エ．increase |
| オ．discover | カ．utilize | キ．explain | ク．yield |

第7章　前置詞　Preposition

1. 「戦後大きな変化が生じた」　come about ＝ happen（起こる）
2. 「我々はその事故の原因を調査しなければならない」
　　　look into ＝ examine・investigate（調査する）
3. 「我々は彼を偉大な学者と考えている」
　　　急所「A を B とみなす」
　　　　① think of A as B　② look on A as B　③ regard A as B
4. 「我々は多くの困難を克服せねばならなかった」　get over ＝ overcome
　　　　　　　　　　　　　　　　　　　　　　　　　　　　　　（打ち勝つ）
5. 「新聞は読み終わりましたか」　get through with ＝ finish（仕上げる）
6. 「この冷たい気候は長い間続くだろう」　go on ＝ continue, last（続く）
7. 「彼は破産を経験したことがある」　go through ＝ experience（経験する）
8. 「彼女は夕食後宿題に取りかかった」　set about ＝ begin（着手する）

9. 「彼らは敵に屈した」　give in ［way］ to ～ ＝ yield to ～（～に屈服する）
10. 「彼女は彼と結婚する決心をした」　make up one's mind ＝ decide（決心する）
11. 「私はその会合に参加するつもりだ」　take part in ＝ join（参加する）
12. 「君はこの部屋を利用してよい」　make use of ＝ utilize（利用する）
13. 「列車から私の家が見えるかもしれない」
　　　catch sight of ＝ discover・find（見つける）
14. 「父親の病気が彼らの苦労を増やした」　add to ＝ increase（～を増す）
15. 「たで食う虫も好きずき」　account for ＝ explain（説明する）
　　　（直訳は「趣味を説明することはできない」）
16. 「P. T. A. とは何を表しますか」
　　　急所 stand for ＝ represent（～を表す）

A＜答＞　1. イ　2. カ　3. オ　4. ウ　5. ク　6. ア　7. キ　8. エ
B＜答＞　9. ク　10. ウ　11. ア　12. カ　13. オ　14. エ　15. キ　16. イ

第7章 Preposition 前置詞

【Bランク】

C

17. I came by a large sum of money.
18. He came into a large fortune.
19. The police went into the murder case.

20. The game was called off because of the rain.
21. We set out on the return journey.

22. The rainy season has set in.
23. He gave up all hope.
24. We should do away with such customs.

> ア．start　　イ．begin　　ウ．inherit　　エ．abolish
> オ．abandon　カ．obtain　　キ．cancel　　ク．investigate

D

25. You can leave out this word in the sentence.
26. She picked out the best jewel in the shop.
27. It took me an hour to work out this problem.

28. You should carry out your first plan.
29. We should cut down the cost of its production.
30. He set up a new school in his native town.
31. I was taken in by him.
32. Don't make fun of the poor boy.

> ア．solve　　　イ．deceive　　ウ．select　　　エ．reduce
> オ．establish　カ．omit　　　キ．ridicule　　ク．fulfill

第7章　前置詞　**Preposition**

17.「私は大金を手に入れた」 **come by** ＝ **get・obtain**（手に入れる）
18.「彼は多額の財産を相続した」 **come into** ＝ **inherit**（相続する）
19.「警察はその殺人事件を調べた」
　　　go into ＝ **investigate・examine**（調査する）
20.「その試合は雨のために中止された」 **call off** ＝ **cancel**（中止する）
21.「我々は帰路についた」 **set out**〔**off**〕 ＝ **start**（出発する）
　　　cf.　They set out to educate the public.（彼らは大衆の教育に着手した）
　　　　　〔＝ set about educating〕
22.「梅雨に入った」 **set in** ＝ **begin**（始まる）
23.「彼はすべての希望を捨てた」 **give up** ＝ **abandon**（あきらめる）
24.「我々はそのような習慣は廃止すべきだ」
　　　do away with ＝ **abolish**（廃止する）

25.「君は文中のこの語を省くことができる」 **leave out** ＝ **omit**（省く）
26.「彼女はその店で最高の宝石を選んだ」 **pick out** ＝ **select・choose**（選ぶ）
27.「私がこの問題を解くのに1時間かかった」 **work out** ＝ **solve**（解く）
　　　cf.　He worked out a good method.（彼はいい方法を考え出した）
　　　　＊work out ＝ **devise**（考案する）
28.「君は最初の計画を実行すべきだ」 **carry out** ＝ **fulfill・perform**（遂行する）
29.「我々はその生産費を切りつめるべきだ」 **cut down** ＝ **reduce**（減らす）
30.「彼は生まれた町に新しい学校を作った」 **set up** ＝ **establish**（設立する）
31.「私は彼にだまされた」 **take in** ＝ **deceive**（だます）
32.「そのかわいそうな男の子をからかってはいけない」
　　　make fun of ＝ **ridicule・mock**（からかう）

C　＜答＞　17. カ　18. ウ　19. ク　20. キ　21. ア　22. イ　23. オ　24. エ
D　＜答＞　25. カ　26. ウ　27. ア　28. ク　29. エ　30. オ　31. イ　32. キ

第7章 Preposition 前置詞

37 次の各文の ⓐ ⓑ の (　) 内に共通する前置詞または副詞を入れなさい。

【Aランク】

1. ⓐ The teacher told us to hand (　　　) our papers.
   ⓑ I hope you'll succeed (　　　) the examination.

2. ⓐ The prince succeeded (　　　) the throne.
   ⓑ Poets have compared life (　　　) a voyage.

3. ⓐ Compare the translation (　　　) the original.
   ⓑ This book deals (　　　) inflation.

4. ⓐ He deals (　　　) whiskey.
   ⓑ His efforts resulted (　　　) failure.

5. ⓐ He asked me (　　　) advice.
   ⓑ Nothing can make up (　　　) lost time.

6. ⓐ The ring has been handed (　　　) from my grandmother.
   ⓑ The car suddenly broke (　　　).

【Bランク】

7. ⓐ I work (　　　) this company.
   ⓑ He felt (　　　) his purse in his pocket.

8. ⓐ Try this hat (　　　).
   ⓑ All those late nights will tell (　　　) your health.

9. ⓐ Look (　　　) the word in your dictionary.
   ⓑ Did anyone call me (　　　) while I was out?

第7章　前置詞　**Preposition**

1. ⓐ「先生は我々に答案を提出するよう言った」
   hand［turn］in ＝ submit（提出する）
   ⓑ「君が試験に成功すればよいと思います」　succeed in ＝〜に成功する
2. ⓐ「王子は王位を継承した」　succeed to 〜＝〜を継承する
   ⓑ「詩人たちは人生を航海にたとえてきた」
   compare A to B ＝ AをBにたとえる
3. ⓐ「その翻訳を原文と比べてみなさい」
   compare A with［to］B ＝ AをBと比べる
   ⓑ「この本はインフレを取り扱っている」　deal with 〜＝〜を取り扱う
4. ⓐ「彼はウイスキーを売っている」　deal in 〜＝〜を商（あきな）う
   ⓑ「彼の努力は失敗に終わった」　result in 〜＝結果として〜になる
5. ⓐ「彼は私に忠告を求めた」　ask A for B ＝ AにBを求める
   （注）　He asked for my advice. という形も可能。
       cf. I asked a question of him.（私は彼に質問した）
   ⓑ「どんなことをしても失った時間を埋め合わすことはできない」
   make up for 〜＝ compensate for 〜＝〜の埋め合わせをする
6. ⓐ「その指輪は祖母から受け継がれてきたものです」
   hand down ＝ inherit（受け継ぐ）
   ⓑ「その車は突然故障した」　break down ＝故障する

7. ⓐ「私はこの会社に勤めている」　work for 〜＝〜に勤める
   ⓑ「彼はポケットの財布を手さぐりで探した」
   feel for 〜＝〜を手さぐりで探す
8. ⓐ「この帽子をかぶってみなさい」　try 〜 on ＝〜を身につけてみる
   ⓑ「そんなにいつも夜ふかしすると体に悪いよ」
   tell on 〜＝〜に悪影響を与える
9. ⓐ「その語を君の辞書で調べなさい」
   look up ＝（単語・電話番号などを）調べる
   ⓑ「だれか留守中に私に電話をかけてきましたか」
   call［ring］up ＝ telephone（〜に電話する）

＜答＞　1. in　2. to　3. with　4. in　5. for　6. down　7. for　8. on　9. up

第7章 Preposition 前置詞

10. ⓐ Look (　　　) for cars when you cross the street.
    ⓑ She stands (　　　) from the rest of the girls.

11. ⓐ The meeting broke (　　　) at seven o'clock.
    ⓑ She studied hard to keep (　　　) with her classmates.

12. ⓐ Keep the child away (　　　) the fire.
    ⓑ I have never heard (　　　) him since.

13. ⓐ He has taken (　　　) drinking too much.
    ⓑ You must get (　　　) your business right now.
14. ⓐ Send (　　　) a doctor at once.
    ⓑ Birth counted (　　　) much in old times.
15. ⓐ A burglar broke (　　　) Mr.Green's last night.
    ⓑ Rice is made (　　　) sake.
16. ⓐ This tie doesn't go (　　　) your jacket.
    ⓑ We had to part (　　　) our house.
17. ⓐ Whatever may happen, I'll stand (　　　) you.
    ⓑ You had better put (　　　) money for the future.

18. ⓐ The dog was run (　　　) by a truck.
    ⓑ I will stop (　　　) in Nagoya on my way to Osaka.
19. ⓐ He has a maid to wait (　　　) him.
    ⓑ He spends most of his money (　　　) books.
20. ⓐ I will apply (　　　) a scholarship.
    ⓑ The police searched (　　　) the murderer.

10. ⓐ「通りを横切るときは車に気をつけなさい」
　　　look [watch] out for ～＝～に気をつける
　　ⓑ「彼女は他の女の子の間で目立っている」**stand out** ＝目立つ
11. ⓐ「その会合は7時に終わった」**break up** ＝散会する
　　ⓑ「彼女は級友たちについていくため猛勉強した」
　　　keep up with ～＝～に遅れずついていく
12. ⓐ「その子を火に近づけないようにしなさい」
　　　keep A away from B ＝AをBから遠ざけておく
　　ⓑ「私はそれ以来彼から便りをもらっていない」
　　　hear from ～＝～から便りがある
　　　cf. Did you hear of him?（彼のうわさを聞きましたか）
13. ⓐ「彼は飲みすぎのくせがついた」**take to** ～＝～のくせがつく
　　ⓑ「君はすぐ仕事に取りかからねばならない」**get to** ～＝～に着手する
14. ⓐ「すぐ医者を呼びにやってくれ」**send for** ～＝～を呼びにやる
　　ⓑ「昔は家柄が重要だった」**count for much** ＝価値がある
15. ⓐ「昨夜グリーンさん宅に強盗が入った」**break into** ～＝～に押し入る
　　ⓑ「米は酒になる」**be made into** ～＝～に作りかえられる
16. ⓐ「このネクタイは君の上着に似合わない」**go with** ～＝～に合う
　　ⓑ「我々は家を手放さねばならなかった」**part with** ～＝～を手放す
17. ⓐ「何が起ころうと，私は君の味方だ」**stand by** ～＝～を支持する
　　ⓑ「将来のために金をためた方がいい」
　　　put by [aside] － **lay by [aside]**（貯える，とっておく）
18. ⓐ「その犬はトラックにひかれた」**run over** ～＝～をひく
　　ⓑ「私は大阪へ行く途中名古屋で下車する」**stop over** ＝途中下車する
19. ⓐ「彼には自分に仕えるお手伝いがいる」**wait on** ～＝serve（給仕する）
　　ⓑ「彼は金の大部分を本に費やす」**spend A on B** ＝AをBに費す
20. ⓐ「私は奨学金の申し込みをするつもりだ」**apply for** ～＝～に申し込む
　　　cf. You can apply this theory to other cases.
　　　　（この理論は他の場合にも適用できる）
　　ⓑ「警察は殺人者を捜索した」**search for** ～＝～を捜す

＜答＞　10. out　11. up　12. from　13. to　14. for　15. into　16. with　17. by
　　　　18. over　19. on　20. for

第7章 Preposition 前置詞

21. ⓐ I can't agree (　　　) you.
    ⓑ Science is connected (　　　) industry.

22. ⓐ I majored (　　　) English literature.
    ⓑ Please bear my advice (　　　) mind.

23. ⓐ His novel is based (　　　) his own experiences.
    ⓑ I don't want to take (　　　) any more work.

24. ⓐ Mothers will always show (　　　) their children.
    ⓑ We have to get (　　　) at the next station.

25. ⓐ Be sure to put (　　　) the light before you go out.
    ⓑ He was worn (　　　) when he got home.

26. ⓐ The tourists put (　　　) at the hotel.
    ⓑ We have used (　　　) the coal.

27. ⓐ Let me put (　　　) your telephone number.
    ⓑ He settled (　　　) to his work.

28. ⓐ I will ask (　　　) him when I see his wife.
    ⓑ His pictures are much sought (　　　) by collectors.

29. ⓐ He glanced (　　　) me and smiled.
    ⓑ Someone knocked (　　　) the door.

30. ⓐ Concentrate your attention (　　　) this problem.
    ⓑ Carry (　　　) with your work.

第7章　前置詞　**Preposition**

21. ⓐ 「私は君に賛成できない」　agree { with ＋人(物) / to ＋提案など } ＝〜に同意する
    ⓑ 「科学は産業と結びつく」　connect A with B ＝ A を B に結びつける
22. ⓐ 「私は英文学を専攻した」　major [specialize] in 〜＝〜を専攻する
    ⓑ 「私の忠告を覚えておいてください」
       bear [keep] 〜 in mind ＝〜を心に留める
23. ⓐ 「彼の小説は自分の体験に基づく」　be based on 〜＝〜に基づく
    ⓑ 「私はこれ以上仕事を引き受けたくない」　take on ＝引き受ける
24. ⓐ 「母親はいつでもわが子を自慢するものだ」　show off ＝見せびらかす
    ⓑ 「我々は次の駅で降りねばならない」　get off ＝降りる
25. ⓐ 「出ていく前に必ず明かりを消しなさい」　put out ＝（火などを）消す
    ⓑ 「彼は家に着いた時には疲れ切っていた」　be worn out ＝疲れ切って
26. ⓐ 「旅行者たちはそのホテルに泊まった」　put up at 〜＝〜に宿泊する
    ⓑ 「我々は石炭を使い果たしてしまった」　use up ＝使い果たす
       （注）up は「完全に」の意。eat up（食べ尽くす），dry up（干上がる）など。
27. ⓐ 「君の電話番号を書き留めさせてください」　put down ＝書き留める
    ⓑ 「彼は落ち着いて仕事に取りかかった」
       settle down ＝落ち着く，定住する
28. ⓐ 「奥さんに会ったら彼の様子をたずねよう」
       ask after 〜＝（人の安否や健康）をたずねる
    ⓑ 「彼の絵は収集家の間でひっぱりだこだ」　seek after 〜＝〜を求める
29. ⓐ 「彼は私をちべつしてほほえんだ」　glance at 〜＝〜をちらっと見る
    ⓑ 「だれかがドアをたたいている」　knock at [on] the door ＝ドアをたたく
30. ⓐ 「この問題に注意を集中しなさい」
       concentrate A on B ＝ A を B に集中する
    ⓑ 「仕事を続けなさい」　carry on with 〜＝〜を続ける
       cf. He carried on working.（彼は働き続けた）

<答>　21. with　22. in　23. on　24. off　25. out　26. up　27. down　28. after
      29. at　30. on

第8章 接続詞・時制
Conjunction/Tense

1 while と during（接続詞と前置詞）

（a） I visited the British Museum **while** I was in London.
（a′） I visited the British Museum **during** my stay in London.
　　　（ロンドンにいる間に私は大英博物館を訪ねた）
（b） He didn't come **because** he was ill.
（b′） He didn't come **because of** his illness.
　　　（彼は病気だったので来なかった）

> **解説** 次の区別は文法の基本事項のひとつである。
>
> 接続詞＋S＋V………例文（a），（b）
> 前置詞＋名詞（句）……例文（a′），（b′）
>
> たとえば（a）の while（接続詞）と（a′）の during（前置詞）は入れかえられない。（b′）では because of（～のために）をひとつの前置詞と考える。
>
> （注）次の例のように，接続詞の直後の＜S＋be＞が省略された結果，＜接続詞＋名詞（句）＞または＜接続詞＋形容詞＞の形になることはある。
>
> ・I used to go swimming in the river when (I was) { a boy / young }.
> （私は少年の［若い］頃よく川へ泳ぎに行ったものだ）

2 that の用法（関係詞と接続詞）

（a） The news **that** reached Paris last night surprised them.
　　　（昨夜パリに届いた知らせは彼らを驚かせた）＜that ＝関係代名詞＞
（b） The news **that** he reached Paris last night surprised them.
　　　（彼が昨夜パリに着いたという知らせは彼らを驚かせた）＜that ＝接続詞＞

第8章 接続詞・時制　Conjunction/Tense

解説　（a），（b）いずれの that も，the news という名詞を修飾するという点では同じであるが，2つの that は次のように異なる働きを持つ。

（a）　The news ［that reached Paris last night］ surprised them.
　　　　　　　　　　S　　V　　O

（b）　The news ［that he reached Paris last night］ surprised them.
　　　　　　　　　　　　S　V　　O

このように，（a）の that（先行詞＝ the news）は，
　① 主語となって文（that reached Paris last night）をつくる。〔代名詞の働き〕
　② その文を前の名詞（the news）につなげる。〔接続詞の働き〕
という2つの役割を持つ。そして，一般にこのような品詞を関係代名詞とよぶ。
　一方，（b）の that は，上の②の働き（＝**接続詞の働き**）しか持たない。これを一般化して言えば，**ある文を，より大きな文を構成する1要素に変える働き**である。（b）の that は，He reached Paris last night. という文を，「修飾語」という構成要素（節）に変える。このようにして，**節を構成要素とするより大きな文**がつくられていくのである。
　「構成要素」とは，具体的には主語（S）・目的語（O）・補語（C）・修飾語（M）のいずれかである。たとえば，

　・I think that he is honest.（私は彼が正直だと思う）
　　S　V　　　O

この文では，接続詞 that が He is honest. という文を「目的語」という構成要素（節）に変えている。そして，that 以下は「名詞節」である。

　・My mother died when I was a child.（母は私が子供の頃死んだ）
　　　S　　　V　　M

この文では，接続詞 when が I was a child. という文を「修飾語」という構成要素（節）に変えており，その節は「副詞節」である。このように，ある「節」について＜**文中での働き（S，O，C，M）**＞と＜**品詞**＞とによる2種類の分析が可能である。

第8章 **Conjunction/Tense** 接続詞・時制

文中での働きによる分類 (構成要素としての名称)	主　語 (S)	動　詞 (V)	目的語 (O)	補　語 (C)	修飾語 (M)
その働きをすることのできる品詞	名　詞	動　詞	名　詞	名　詞 形容詞	形容詞 副　詞

次の対照を必ず頭に入れておくこと。

3 重要な接続詞

(a)　**It was not until** I got home **that** I missed my wallet.
(a′)　I did**n't** miss my wallet **until** I got home.
　　　（家に着いてはじめて札入れがないのに気づいた）
(b)　**No sooner** had he left home **than** it began to rain.
(b′)　**The moment** he left home, it began to rain.
　　　（彼が家を出るとすぐ雨が降り出した）
(c)　He didn't marry her because he didn't love her.
　　　（彼は彼女を愛していなかったから結婚しなかった）
(c′)　He didn't marry her because he loved her.
　　　（彼は彼女を愛していたから結婚したわけではなかった）

解説　（a）は（a′）の強調構文で，直訳は「私が札入れがないのに気づいたのは，家に着くまでではなかった」となる。（b）は次の変形である。
　(b)　He had no sooner left home than it began to rain.
この文中の副詞 no sooner を文頭に出して強調すると，SとVが逆転する。

急所　**副詞の強調**

$$\boxed{\text{副詞}＋V＋S}$$

　〈例〉　<u>Little</u> <u>did</u> <u>I</u> dream of meeting you here.
　　　　　副　　V　S
　　　（こんな所で君に会うとは夢にも思わなかった）

　（c′）の訳に注意。（c）では didn't marry の not は marry という動詞のみを否定しているが，（c′）の not は次のように文全体を否定している。

144

(c′) ＝ NOT ［He married her because he loved her］.

このように，not ～ because...は「…だからといって～というわけではない」と訳すことがあるので，文脈によって注意が必要である。

4 if・when 節中の現在形（未来を表す現在形）

(a) ○　I will not go out **if** it **rains** tomorrow.〔副詞節〕
　　×　I will not go out if it will rain tomorrow.
　　　（もし明日雨が降れば，私は外出しない）
(a′) ○　I don't know **if** he **will come**.〔名詞節〕
　　×　I don't know if he comes.
　　　（彼が来るかどうか私にはわからない）

解説　「時」または「条件」を表す副詞節中では，「未来のことを現在形で表す」というルールがある。(a)で，「明日雨が降れば」が **if** it **rains** tomorrow となっている点に注意。一方，(a′)の if 節は know の目的語となる名詞節（「～かどうかということ」）だからこのルールは適用されず，未来のことは will で表す。

急所　時・条件の節中での「未来」の表し方

接続詞	節	副詞節の場合	名詞節の場合
時	**when**	現在形 （「～するとき」）	will ＋原形 （「いつ～するか」）
時	その他（till・after・before など）	現在形	—
条件	**if**	現在形 （「もし～ならば」）	will ＋原形 （「～かどうか」）
条件	その他（unless・in case など）	現在形	—

（注）「時」「条件」を表す接続詞のうち if・when 以外のものは，常に<u>副詞節</u>をつくる。したがって，その節中の「未来」は常に現在形で表す。

5 注意すべき時制

(**a**)　He had finished his work **by the time** I came back.
　　　（私が戻ってくるまでに彼は仕事を終えていた）

(**a′**)　He will have finished his work **by the time** I come back.
　　　（私が戻ってくるまでに彼は仕事を終えているだろう）

(**b**)　○　He **belongs** to the English club.
　　　×　He **is belonging** to the English club.
　　　（彼は英語クラブに入っている）

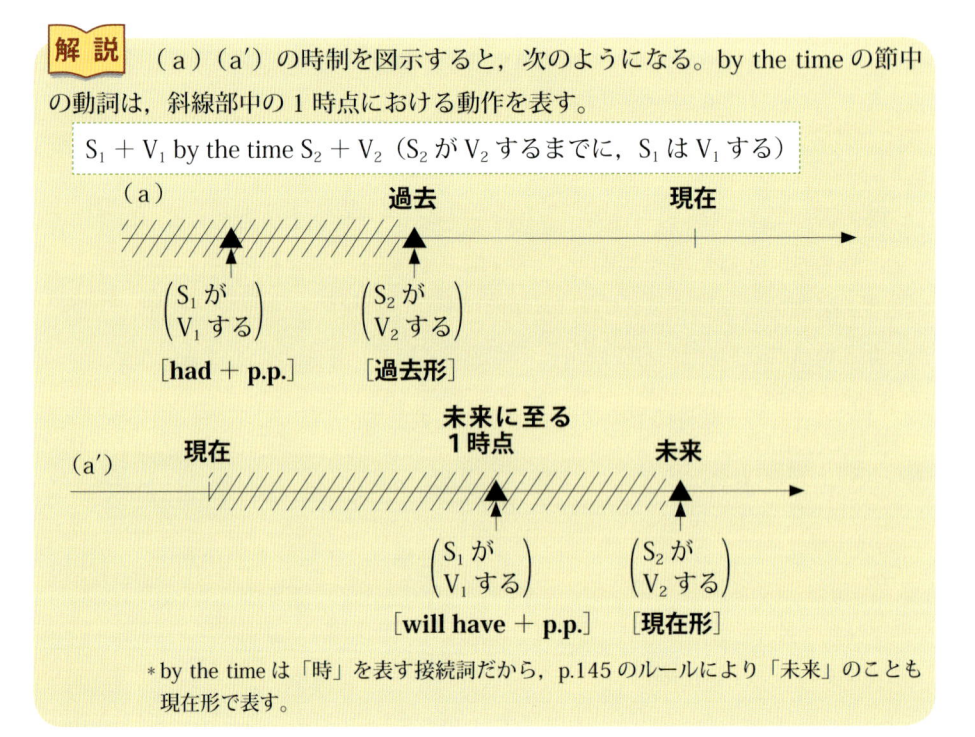

解説　(a)(a′)の時制を図示すると，次のようになる。by the time の節中の動詞は，斜線部中の1時点における動作を表す。

$S_1 + V_1$ by the time $S_2 + V_2$ （S_2 が V_2 するまでに，S_1 は V_1 する）

(a)　過去　現在
　　　$\begin{pmatrix} S_1 \text{が} \\ V_1 \text{する} \end{pmatrix}$　$\begin{pmatrix} S_2 \text{が} \\ V_2 \text{する} \end{pmatrix}$
　　　[had + p.p.]　[過去形]

(a′)　現在　未来に至る1時点　未来
　　　$\begin{pmatrix} S_1 \text{が} \\ V_1 \text{する} \end{pmatrix}$　$\begin{pmatrix} S_2 \text{が} \\ V_2 \text{する} \end{pmatrix}$
　　　[will have + p.p.]　[現在形]

＊by the time は「時」を表す接続詞だから，p.145のルールにより「未来」のことも現在形で表す。

（ b ）は，進行形にしない動詞の例である。現在形と現在進行形について比較すると，次のことが言える。

① **無意志動詞は進行形にしない**。
- become（～になる）。see（見える）・hear（聞こえる）・resemble（似ている）など。
- think（思う）・like（好きである）・want（ほしい）など。＜心理状態を表す＞

② 主語の意志による動作を表す動詞（run・write など）は進行形にできる。ただし，**習慣的動作は現在形**で表す。
- ○ I take a walk every morning.
- × I am taking a walk every morning.
  - （私は毎朝散歩している）

③ **状態を表す動詞はふつう進行形にしない**が，一時的状態であることを強調するときは進行形にできる。
- ○ I live in Tokyo.〔ふつうの言い方〕
- ○ I am living in Tokyo now.〔一時性を強調〕

下の文は，将来の転居の可能性を暗示しているといえる。

第8章 Conjunction/Tense 接続詞・時制

38 次の各文の下線部の誤りを訂正しなさい。

【A ランク】

1. A Mr.Jones came to see you during you were absent.
   （ジョーンズさんとかいう人が君の留守中に君に会いに来た）

2. I'm sure of he will succeed in his business.
   （彼はきっと事業に成功すると思う）

3. Do not waste your time like your brother does.
   （お兄さんのように時間をむだ使いしてはいけない）

4. Though his wealth, he is not happy.
   （彼は金持ちだけれども幸福でない）

5. As soon as getting home, I went upstairs.
   （帰宅するとすぐに私は二階へ上がった）

6. I'm not going out today because my cold.
   （私はかぜをひいているので今日は外出しません）

7. If a little more money, I could buy the suitcase.
   （もしもう少しお金があれば，そのスーツケースを買えるのだが）

8. Without he helps me, I cannot do the work.
   （彼が手助けしてくれなければ私はその仕事をすることはできない）

【B ランク】

9. You may use my car whenever.
   （私の車をいつでも使ってください）

10. You must finish this by I come back.
    （私が戻るまでに君はこれをすましておかねばならない）

11. I don't doubt if he will get well.
    （彼はきっと元気になるだろう）

12. She looks as if being a fairy.
    （彼女はまるで妖精のようだ）

1. during は前置詞だから，この後には名詞（句）を置く。「君の留守（your absence）」＋「の間に（during）」という形にする。
2. of は前置詞だから，1.と同様に「彼の成功（his success）」という形にする。
3. 「～のように」は like（前置詞）または as（接続詞）で表す。この場合は接続詞を使う。
4. 急所　「～だけれど」の書き換え
   （接続詞）**Though** he was ill, he went to school.
   （前置詞）**In spite of**　　　　 his illness, he went to school.
   　　　　　With [For] all　　（～にもかかわらず）
5. 「～するとすぐに」＝ **on ～ ing**（→ p.67参照）
   cf. On receipt of the letter, he telephoned her.
   　　（その手紙を受け取るとすぐに，彼は彼女に電話をかけた）
6. because は接続詞だから，その後には＜Ｓ＋Ｖ＞の形を置く。
7. If なら＜Ｓ＋Ｖ＞が必要。「もし～があれば」を表す前置詞は with。
8. without Ｓ＋Ｖ は不可。「もし～でなければ」を表す接続詞は unless（＝ if ＋ not）。
9. whenever は接続詞だから後に＜Ｓ＋Ｖ＞が必要。ここは「いつでも」という副詞を置く。
10. by は前置詞。「～するまでに」という接続詞は by the time［before］。
11. doubt は肯定文なら if を伴う（～かどうか疑う）が，否定文になると「疑わない」つまり「確信している」という意味になるから，that（～ということを）を伴う。
12. as if は接続詞だから後には＜Ｓ＋Ｖ＞の形を置く。仮定法になることに注意。なお，she were を省略することもある。（→ p.233参照）

＜答＞　1. your absence　2. his success　3. as　4. In spite of [With all・For all]　5. On
　　　　6. I have a cold [of my cold]　7. With [If I had]　8. Unless　9. at any time [whenever you like]　10. by the time [before]　11. that　12. she were [was] a fairy

第8章 Conjunction/Tense 接続詞・時制

39 次の各組の [ ] 内に与えられた語を並べかえて、下の日本文に相当する英文を完成しなさい。ただし、各組には不要な語が1つずつ含まれています。なお、文頭にくる語も小文字で始めてあります。

【A ランク】

1. [are / that / trouble / we / what / the / is] short of money.
   （困ったことに我々には金が足りない）

2. I think [he / for / natural / should / that / get / it] angry.
   （彼が怒るのは当然だと思う）

3. They believed that [was / they / that / it / fought / purpose / freedom] for.
   （自分たちは自由のためにこそ戦っているのだと彼らは信じていた）

4. We came to [that / of / best / the / the / was / conclusion / plan].
   （我々はその計画が最善であるという結論に達した）

5. We must try [things / they / so / as / see / to / are].
   （我々は物事をありのままに見るよう努めねばならない）

6. I think [a / that / musician / him / as / of / great].
   （彼は偉大な音楽家だと私は思う）

7. [I / help / like/as / much / not / would / to], I have other work to do.
   （お手伝いしたいのはやまやまですが、他に仕事がありますので）

第 8 章　接続詞・時制　**Conjunction/Tense**

1. **The trouble is that** 〜＝困ったことに〜
   * この that は，補語となる名詞節（〜ということ）をつくり，「困ったことは〜ということだ」という意味になる。

2. **I think it natural that** 〜＝私は〜を当然のことと思う
   * SVOC の構文で，O（it）と C（natural）の間に「それ（＝ that 節を受ける）は当然だ」という主述関係が形成されている。（→ p.79 参照）

3. They fought for freedom.（彼らは自由のために戦った）という文から，freedom を強調する文を作ると，It was freedom that they fought for. という強調構文ができる。「彼らが戦ったのは，自由のためであった」という意味になる。（→ p.72参照）

4. **the conclusion that** 〜＝〜という結論

   急所 同格の that 節をとる名詞
   ① **fact**（事実）など…**rumor**（うわさ），**news**（知らせ），**information**（情報），etc.
   ② **idea**（考え）など…**belief**（信念），**doubt**（疑い），**feeling**（感情），**impression**（印象），etc.
   ③ **hope**（見込み）など…**possibility**（可能性），**chance**（見込み），etc.

5. **see a thing as it is**
   see things as they are ｝物事をありのままに見る
   * 「それがあるとおりに（as）見る」が直訳。

6. **think of A as B** ＝ A を B と思う〔みなす〕（regard A as B）

7. 譲歩の **as**（〜だけれども）を用いて，Much as I would 〜とする。

＜答＞　1．The trouble is that we are short of money.　2．I think it natural that he should get angry.　3．They believed that it was freedom that they fought for.　4．We came to the conclusion that the plan was best.　5．We must try to see things as they are.　6．I think of him as a great musician.　7．Much as I would like to help, I have other work to do.

151

第8章 Conjunction/Tense 接続詞・時制

40 次の各文の（　　）内に適語を入れなさい。

【A ランク】

1. How long is it （　　　　）I saw you last?
   （この前お会いしてからどのくらいになるでしょうか）

2. Wear your coat, （　　　　）you'll be cold.
   （コートを着ていなさい，でないと寒くなるでしょう）

3. Take your umbrella with you in （　　　　）it rains.
   （雨が降るといけないのでかさを持って行きなさい）

4. He studied hard （　　　　）he should fail again.
   （二度と失敗しないよう彼はいっしょうけんめい勉強した）

5. Don't look down on a man （　　　　）he is poor.
   （貧しいからといって人を軽べつしてはいけない）

6. （　　　　）you are busy or not, you must do it.
   （忙しかろうとなかろうと君はそれをしなければならない）

7. We had hardly arrived at the station （　　　　）it began to rain.
   （我々が駅に着くか着かないかのうちに雨が降りだした）

8. He ran out of the house the （　　　　）his mother appeared.
   （彼は母の姿を見るとすぐに家を飛び出した）

9. It is not （　　　　）we lose our health （　　　　）we know the value of it.
   （健康の価値はそれを失ってはじめてわかる）

10. It will not be long （　　　　）we meet again.
    （私たちはじきに再会するでしょう）

第8章 接続詞・時制 Conjunction/Tense

1. **It is ＋時間 since S ＋ V（過去形）＝ S が V してから～になる**
   - 急所 「彼が死んでから5年になる」
     ① **It is** five years **since** he died.
     ② Five years **have passed since** he died.
     ③ **He has been dead for** five years.

2. 急所
   - 命令文, and ～ ＝ ～しなさい，そうすれば～
   - 命令文, or ～ ＝ ～しなさい，さもないと～

   cf. Another step, and you are a dead man.（もう1歩動いたら命はないぞ）
   　　　〔＝ If you take another step, ～〕

3. 急所 **in case** ＝ ～するといけないので（for fear ～ should…）
   ＊in case に導かれる節（条件を表す副詞節）中には will を用いないことに注意。

4. **lest ～ should**… ＝ …しないように（for fear ～ should…）
   ＊should not としないこと。

5. **not ～ because**… ＝ …だからといって～というわけではない

6. **whether S ＋ V or not** ＝ S が V しようがすまいが〔副詞節〕
   cf. I don't know whether he will come or not.
   　　　（彼が来るかどうか知らない）〔名詞節〕

7. **hardly〔scarcely〕～ when〔before〕**… ＝ ～するかしないかのうちに…する

8. **the moment〔instant〕** ＝ as soon as（～するとすぐに）（→ p.67参照）

9. 急所 **It is not until〔till〕～ that**… ＝ ～してはじめて…する
   ＊＝ We don't know the value of our health till〔until〕we lose it.

10. 急所 **It will not be long before ～** ＝ まもなく～する（だろう）
    cf. It will be long before it comes true.
    　　　（それが実現するにはしばらくかかるだろう）

<答> 1. since 2. or 3. case 4. lest 5. because 6. Whether 7. when〔before〕 8. moment〔instant〕 9. until〔till〕, that 10. before

第8章 Conjunction/Tense 接続詞・時制

11. As （　　　） as I am concerned, I have no objection to the plan.
    （私に関する限り，その計画に異議はありません）
12. I'll never forget your kindness as （　　　） as I live.
    （ご恩は一生忘れません）

【Bランク】

13. （　　　） a bad habit is formed, it is difficult to get out of it.
    （いったん悪いくせがつくと，抜け出すのはむずかしい）
14. （　　　）（　　　） he is not a child, he must be responsible for his behavior.
    （もう子供ではないのだから，彼は自分の行動に責任を持つべきだ）
15. Man differs from animals （　　　）（　　　） he can use fire.
    （人間は火を使うことができるという点で動物とは異なる）

41 次の各組の文の意味がほぼ同じになるように，（　　　）内に適語を入れなさい。

【Aランク】

1. ⓐ As far as I know, he is single.
   ⓑ To the （　　　） of my （　　　）, he is single.

2. ⓐ He speaks not only English but French.
   ⓑ He speaks French （　　　）（　　　）（　　　） English.
   ⓒ （　　　） English, he speaks French.
   ⓓ He speaks French, （　　　）（　　　） English.

3. ⓐ However fast you may run, you are no match for him.
   ⓑ （　　　）（　　　） how fast you may run, you are no match for him.

4. ⓐ The baby stopped crying only when he was fed.
   ⓑ It was not （　　　） the baby was fed （　　　） he stopped crying.

第8章　接続詞・時制　**Conjunction/Tense**

11. 　**急所** As far as ～ is concerned ＝～に関する限り

12. 　as long as ～＝①～する限り②～しさえすれば（if only）
　　　cf.　You may stay here as long as you keep quiet.
　　　　（静かにしていさえすればここにいてよろしい）

---

13. 14. **急所** 副詞から転用された接続詞
　　　① 　**Once** ＋ S ＋ V ， S ＋ V ．（いったん～すれば，～だ）
　　　② 　**Now（that）** ＋ S ＋ V ， S ＋ V ．（今や～なのだから，～だ）
　　　③ 　**Directly [Immediately]** ＋ S ＋ V, S ＋ V ．（～するやいなや，～だ）
　　　④ 　**Every [Each] time** ＋ S ＋ V， S ＋ V ．（～するときはいつでも～だ）

15. 　**in that ～＝～という点で**

1．「私の知る限り，彼は独身だ」
　　急所「私の知る限り」
　　　　① 　As far as I know　　② 　To the best of my knowledge

2．「彼は英語だけでなくフランス語も話す」
　　急所 AだけでなくBも
　　　　① 　not only A but（also）B　　② 　B as well as A
　　　　③ 　besides A, B
　　　＊意味の重点はBにあるので，これらが主語になるときは動詞の性・数はBに一致する。

3．「君がどんなに速く走っても，彼にはかなわない」
　　急所 However ＝ No matter how（たとえどんなに～でも）

4．「その赤ん坊は，お乳を与えられた時だけ泣きやんだ」
　　　＊ⓑは It is not until ～ that...（～してはじめて…）の形を用いる。

40＜答＞　11. far　12. long　13. Once　14. Now, that　15. in, that
41＜答＞　1. best, knowledge　2. ⓑ as, well, as　ⓒ Besides　ⓓ much [still], more　3. No, matter　4. until [till], that

155

第8章 Conjunction/Tense 接続詞・時制

42 次の各文の（　　）内に入れるのに正しいものを下から1つ選びなさい。

【Aランク】

1. Let's wait till he （　　）.
   ア．come　イ．comes　ウ．will come

2. I doubt if he （　　）.
   ア．come　イ．comes　ウ．will come

3. It will not be long before Mike （　　） well.
   ア．get　イ．gets　ウ．will get

4. I will not be here when you （　　）.
   ア．return　イ．returns　ウ．will return

5. I don't know when she （　　） married.
   ア．get　イ．gets　ウ．will get

6. By the time I finished my homework, he （　　） supper.
   ア．ate　イ．was eating　ウ．had eaten
   エ．had been eating

7. Japan （　　） a lot by the year 2030 A. D.
   ア．has changed　イ．changes　ウ．changed
   エ．will have changed

8. Scarcely （　　） the book before he complained of a headache.
   ア．he opened　イ．he had opened　ウ．had he opened
   エ．did he open

1. 「彼が来るまで待ちましょう」
   急所 till・before などに導かれる節中に will を用いてはならない。
   　　p.145 の 4 の解説を参照のこと。「時」「条件」を表す接続詞のうち大半（when と if を除く）は副詞節しか作らないので，その節中の「未来」は常に現在形で表す。

2. 「彼が来るかどうか疑わしい」
   ＊この if は「～かどうか（ということ）」の意味で，doubt の目的語となる名詞節を作るから，節中の「未来」は未来形（will come）で表す。

3. 「マイクはじきに元気になるだろう」
   ＊1．で述べたとおり，before の後に will がくることはない。

4. 「君が戻ってくるときには私はここにいません」
   ＊この when は副詞節を作っている。見分け方は，when 以下がなくても文が成り立つなら，when 以下は修飾語にすぎない，つまり副詞節ということになる。したがって will はこない。

5. 「私は彼女がいつ結婚するかを知らない」
   ＊この文の when 以下を削ると文が成立しなくなる。つまり when 以下は know の目的語となる名詞節である。

6. 「私が宿題を終えるまでに，彼は夕食を食べてしまっていた」
   ＊主節中の行為（had eaten）は，by the time の節中の行為より必ず先に起こっている。

7. 「日本は紀元2030年までに大きく変わってしまっていることだろう」
   ＊未来の１点（2030 年）に至るまでに完了する事実だから未来完了（will have ＋ p.p.）で表す。

8. 「彼はその本を開くやいなや頭痛を訴えた」
   ＊No sooner ～ than ～と同じ形。＜副詞（Scarcely）＋ V ＋ S ＞の語順に注意。

＜答＞　1．イ　2．ウ　3．イ　4．ア　5．ウ　6．ウ　7．エ　8．ウ

第8章 Conjunction/Tense 接続詞・時制

9. I ( ) long before she came.
   ア．did not wait　イ．have not waited
   ウ．had not waited　エ．would not wait

10. Our school ( ) on the hillside.
    ア．stand　イ．stands　ウ．is standing

11. I ( ) up at six every morning.
    ア．get　イ．am getting　ウ．have getting

12. Water ( ) of hydrogen and oxygen.
    ア．consists　イ．is consisting　ウ．is consisted

13. I ( ) breakfast when he called me up.
    ア．had　イ．was having　ウ．have had

14. We ( ) a beautiful castle on the hill.
    ア．saw　イ．were seeing　ウ．were seen

15. I ( ) my pen a few days ago.
    ア．lost　イ．have lost　ウ．had lost

16. They demanded that he ( ) their offer.
    ア．accept　イ．accepted　ウ．will accept

17. He hasn't come yet. Something may ( ) to him.
    ア．happen　イ．have happened　ウ．happened

18. It's time you ( ) up.
    ア．get　イ．got　ウ．will get

19. I asked her when she ( ) for New York.
    ア．started　イ．will start　ウ．would start

9. 「私があまり待たないうちに彼女が来た」
   急所 $S_1 + V_1$（had not + p.p.）before $S_2 + V_2$（過去形）
   ＝ S_1 が V_1 しないうちに S_2 が V_2 した

10. 「我々の学校は丘の中腹に立っている」
    ＊この stand は<u>無意志動詞</u>（学校の意志で立っているのではない）だから進行形にしない。

    cf.　Some boys <u>are standing</u> by the gate.
    　　　（少年たちが門のそばに立っている）[stand は意志動詞]

11. 「私は毎朝6時に起きる」
    ＊動詞が習慣を表すときは現在形にする。

12. 「水は水素と酸素から成る」
    ＊動詞が普遍的事実を表すときは現在形にする。consist は自動詞だから受身にはならない。

13. 「彼が私に電話してきたとき，私は朝食をとっていた」
    ＊この have は「食べる」という意味だから，進行形で表現できる。

14. 「丘の上に美しい城が見えた」
    ＊see（〜が見える）は無意志動詞である。look at・watch（〜を見る）と区別すること。hear（〜が聞こえる）と listen to（〜を聴く）も同様。したがって，<u>see・hear は進行形にしない</u>。

15. 「私は2, 3日前ペンをなくした」
    ＊ago は現在完了とともには用いられない。(→ p.185 参照)

16. 「彼らは，彼が自分たちの申し出を受け入れるよう要求した」
    ＊いわゆる<u>仮定法現在（動詞の原形）</u>が入る。(→ p.23・233 参照)

17. 「彼はまだ来ていない。彼の身に何かあったのかもしれない」
    ＊＜may（現在の推量）＋ have ＋ p.p.（過去の事実）＞の形である。(→ p.211 参照)

18. 「もう起きる時間ですよ」
    ＊It's time の後には<u>仮定法過去</u>の形を置く。(→ p.233 参照)

19. 「私は彼女にいつニューヨークへ向けて出発するのかとたずねた」
    ＊いわゆる<u>時制の一致</u>である。(→ p.240 参照)

<答>　9. ウ　10. イ　11. ア　12. ア　13. イ　14. ア　15. ア　16. ア　17. イ　18. イ　19. ウ

Adjective 形容詞

第9章

1 補語となる形容詞

○ She looks **happy**. 〔暗記〕
× She looks happily.
（彼女は幸福そうに見える）

解説 look（～に見える）はＳＶＣの形をとる動詞である。一般にＣ（補語）になれるのは，（代）名詞または形容詞であるから，Ｃ＝happy（形容詞）が正しく，happily（副詞）は誤りである。

参考までに，Ｃ（形容詞）をとる主な動詞を挙げておく。

急所 Ｃ（形容詞）をとる主な動詞
① ＳＶＣ型
 ・seem・look・appear（～に見える）/ sound（～に聞こえる）/ feel（～に感じられる）/ taste（～の味がする）/ smell（～のにおいがする）
 ・become・get・grow・turn（～になる）
 ・remain・keep（～のままである）　・prove（～とわかる）
② ＳＶＯＣ型
 ・think・believe・find
 ・make・get（～にする）/ keep・leave（～にしておく）

（注）次の例も参照のこと。
 ・He died young.（彼は若くして死んだ）
 　Ｓ　Ｖ　　Ｃ
 ・He lived a bachelor.（彼は独身で暮らした）
 　Ｓ　Ｖ　　　Ｃ
 　これらの文では，元来第１文型（ＳＶ）の動詞であるdieやliveが，疑似的にＳＶＣ構文の動詞として用いられている。

第9章　形容詞　**Adjective**

2　形容詞と前置詞の結びつき

He is **ignorant of** the reason for the quarrel.
（彼はそのけんかの理由を知らない）

解説　ignorant は of とのみ結びつくが，familiar など複数の前置詞をとる語にも注意しよう。

3　用法に注意すべき形容詞

（a）｛ ○ The baby is sleeping.　（その赤ん坊は眠っている）
　　　○ The baby is asleep.
　　　　　　　　　　　　　　　　　　　　〔叙述用法〕

（a′）｛ ○ Look at the sleeping baby.　（その眠っている赤ん坊を見なさい）
　　　× Look at the asleep baby.
　　　　　　　　　　　　　　　　　　　　〔限定用法〕

解説　asleep という形容詞は叙述用法（補語となる）には使えるが**限定用法**（名詞を修飾する）**には使えない**。この型に属する形容詞の多くは **a-** で始まる形容詞（afraid・awake・aware・alone など）であり，これだけ暗記しておけば十分である。

（b）　○ The city has a **large** population.
　　　× The city has a lot of population.
　　　　（その市は人口が多い）

解説　「多い」「少ない」を large・small で表現する名詞がある。たとえば，『a lot of（数量の点で大きい）＋ population（人の数）＝数が大きい人の数』となり，a lot of と population にそれぞれ含まれている「数」の概念が重複する。そこで『large（大きい）＋ population（人の数）＝大きい人の数』とすれば正しくなる。

> **急所**　「多い」「少ない」を large，small で表す名詞
>
> **audience**（聴衆），**population**（人口），**number**（数），**amount**（量），**sum**（金額），**income**（収入），**expense**（出費），**salary**（給料）

第9章 Adjective 形容詞

4 necessary 型・exciting 型の形容詞
（人間を主語にとらない形容詞）

（a） ○ **It is necessary for you** to see a doctor.
　　 × You are necessary to see a doctor.
　　　（君は医者にみてもらう必要がある）

（b） ○ I was **pleased** at your success.
　　 × I was pleasant at your success.
　　　（君の成功を聞いて私はうれしかった）

解説　厳密には、「人 is 形容詞」の形にできない（ことが多い）形容詞を取り上げる。主なものは次の2種類である。

（1）**necessary 型**（＜ It is 形容詞 for ＋人＋ to 不定詞＞の構文で用いる）
　　possible・impossible・easy・difficult・natural・important など
　〈例〉 ○ **It is impossible** for him to finish the work in a day.
　　　 × He is impossible to finish the work in a day.
　　　　（彼が1日でその仕事を終えることは不可能だ）
　（注）これらのうちいくつかの形容詞については、人間を主語にした構文をとりうるものもある。（p.164 の《easy 型の形容詞》を参照のこと）

（2）**exciting 型**＜感情を表す＞（物 is 形容詞または形容詞＋物の形で用いる）
　〈例〉 ○ The game is **exciting**.（その試合はわくわくする）
　　　 ○ This is an **exciting** game.（それはわくわくする試合だ）
　　　 × I was exciting at the game.（その試合を見て私はわくわくした）
　　　　　　　　→（**excited** なら正しい）……p.45 参照

　一般に、ひとつの動詞から複数の形容詞が派生するとき、「物」「人」のいずれを主語にとるかによって分類できる場合がある。語尾の形に注意して、次ページの例を参照のこと。

動詞	形容詞	
	物 が 主 語	人 が 主 語
bore （〜を退屈させる）	boring （退屈な）	bored （退屈して）
disappoint （〜を失望させる）	disappointing （当てはずれの）	disappointed （失望して）
please （〜を喜ばせる）	pleasing pleasant （楽しい）	pleased （喜んで）
satisfy （〜を満足させる）	satisfying satisfactory （十分な）	satisfied （満足して）
delight （〜を喜ばせる）	delightful （喜ばしい）	delighted （喜んで）
regret （後悔する）	regrettable （残念な）	regretful （後悔して）
doubt （疑う）	doubtful （疑わしい）	doubtful （疑って）
respect （尊敬する）	respectable （立派な）	respectable （立派な） respectful （敬意を表して）

（注）一般に **-able** という接尾辞は，「〜されるに値する」「〜されることができる」という受身の意味を含んでいる。
　〈例〉He is reliable.（彼は信頼のおける人だ）＜＝ He can be relied on.＞

第9章 Adjective 形容詞

5 easy 型の形容詞（文尾の目的語が文頭へ移動する形容詞）

(c) ○ It is easy to persuade John．

(c′) ○ John is easy to persuade. 🗒暗記
（ジョンを説得するのはたやすい）

(d) ○ It is necessary to persuade John．

(d′) × John is necessary to persuade.
（ジョンを説得することが必要だ）

> **解説** (c) → (c′) のように書き換えることができる。一般的な形で表すと，次のようになる。
>
> (c) → (c′)：**It is** 形 [to ＋ 動 ＋ 　　　]．
> 　　　　　　　　　　　　　　　 { 不定詞中の動詞の目的語が It (形式主語) に取ってかわる。}
>
> この書き換えができるかどうかは，形容詞によって決まる。この変形を許す形容詞として，次の5つを暗記しておくこと。
>
> **急所 easy 型の形容詞**
> 　easy・difficult・hard・impossible・pleasant
>
> (d) → (d′) については，necessary が easy 型に属さない形容詞であることから，同様の変形はできない。したがって (d′) は誤りである。

((参考))　形のまぎらわしい形容詞

imaginative （想像力の豊かな）	He is an imaginative author. （彼は想像力の豊かな作家だ）
imaginable （考えうる）	He tried every method imaginable. （彼は考えうるあらゆる方法を試みた）
imaginary （想像上［架空］の）	A dragon is an imaginary animal. （竜は架空の動物である）
respectable （尊敬しうる）	He is a respectable leader. （彼は立派な指導者だ）
respectful （敬意を表して）	You should be respectful to your seniors. （目上の人には敬意を払いなさい）
respective （おのおのの〈each〉）	They expressed their respective views. （彼らはおのおのの見解を表明した）
sensible （分別のある）	He is a sensible man. （彼は分別のある人だ） cf. be sensible of 〜 ＝ 〜に気づいて
sensitive （敏感な）	I am sensitive to the cold of winter. （私は冬の寒さに弱い）
successful （成功して）	He was successful in the exam. （彼はその試験に受かった）
successive （引き続いた）	It rained for five successive days. （5日続いて雨が降った）

第9章 Adjective 形容詞

43 次の各文の下線部が正しければ番号に○をつけ、誤りであれば正しい語句に直しなさい。

【Aランク】

1. You are difficult to climb this mountain.

2. Japanese is hard for a foreigner to learn.

3. He is necessary to start at once.

4. ⓐ　We were exciting to hear the news.
   ⓑ　It was an exciting game.

5. I was pleasant when he came to the party.

【Bランク】

6. ⓐ　Please come to see me whenever you are convenient.
   ⓑ　Is Sunday convenient for you?

7. ⓐ　I'm regretful for the mistake.
   ⓑ　It is regretful that he died so young.

8. He is easy to catch colds.

9. She is impossible to do the job alone.

10. Nothing is happier for me than watching a baseball game.

11. I think him difficult to win the race.

第9章　形容詞　**Adjective**

1. 「君がこの山に登るのは難しい」
   * 「難しい」の主語は「君」ではなく,「君がこの山に登ること」。
2. 「日本語は外国人にとって学びにくい」 *It is hard for a foreigner to learn Japanese. の 文尾の Japanese が形式主語の It に置き換わることができる。(hard は easy 型の形容詞)
3. 「彼はすぐ出発する必要がある」
   * 1. と同様,「必要である」のは「彼」という人間ではない。
4. ⓐ「我々はその知らせを聞いて興奮した」ⓑ「それはわくわくするような試合だった」 *＜人 is excited＞,＜物 is exciting＞の形をとる。
5. 「私は彼がパーティーに来てくれた時うれしかった」
   * ＜人 is pleased.＞＜物 is pleasant.＞となる。

---

6. ⓐ「都合のいいときにはいつでも会いに来てください」
   ⓑ「日曜日は都合がいいですか」 *convenient (都合がよい) は「人」を主語にできない。it (漠然と状況を表す) または「物」を主語にして表す。
7. ⓐ「私は誤ちを悔やんでいる」ⓑ「彼があんなに若死にしたのは残念だ」
   * 〈人 is regretful〉〈物（事柄）is regrettable〉。
8. 「彼はかぜをひきやすい」 *① He is easy to ～が成り立つには, ② It is easy to catch colds him. という文が必要。しかし ② の文は誤りだから①も誤り。be subject to ＋名詞（～にかかりやすい）を用いる。全文を He catches colds easily. と訂正することもできる。
9. 「彼女がその仕事をひとりですることは不可能だ」
   * It is impossible for her to do ～ . なら正しい。
10. 「私にとって，野球の試合を見るほど楽しいことはない」
    * happy は「人」を主語にとる形容詞。「物」が主語なら pleasant。
11. 「彼がレースに勝つのは難しいと思う」
    * He is difficult to win the game. は誤り。〔1. を参照〕

<答>　1. It is difficult for you　2. ○　3. It is necessary for him　4. ⓐ excited ⓑ ○　5. pleased　6. ⓐ it is convenient for [to] you ⓑ ○　7. ⓐ ○ ⓑ regrettable　8. subject [liable] to　9. unable　10. pleasanter [more pleasant]　11. it difficult for him

第9章 Adjective 形容詞

44 次の各文の（ ）内から正しい語を選びなさい。

【Aランク】

1. ⓐ The girl looked (happy, happily).
   ⓑ The girl sang (happy, happily).

2. ⓐ I found his house (easy, easily).
   ⓑ I found the problem (easy, easily).

3. You must keep your teeth (clean, cleanly).

4. How (much, large) is the population of this city?

5. I can't get along on my (cheap, small) salary.

6. There was (a number of, a large) audience in the hall.

7. The price of this car is a little (high, expensive).

8. The war broke out in the (later, latter) half of the 19th century.

9. Not (a little, a few) girls came to the concert.

10. As there is (little, a little) water, use it carefully.

第9章 形容詞 Adjective

1. ⓐ「その少女は幸せそうに見えた」ⓑ「その少女は幸せそうに歌った」
   *ⓐはＳＶＣで，Ｃ＝形容詞（happy）。ⓑは The girl sang. だけでも文が成り立つから，後には sang を修飾する副詞（happily）がくる。

2. ⓐ「私は彼の家をたやすく見つけた」ⓑ「その問題はやさしかった」
   *ⓐはＳＶＯ。ⓑはＳＶＯＣで，Ｃは形容詞（easy）。

3. 「歯はきれいにしておかねばならない」keep＋Ｏ＋Ｃ。Ｏ（your teeth）とＣ（clean）の間に，Your teeth are clean. という主述関係が成り立つ。

4. 「この町の人口はどのくらいですか」

5. 「こんな安月給ではやっていけない」
   *large・small のほか high・low も可。

6. 「ホールにはたくさんの聴衆がいた」

7. 「この車の値段は少し高い」 The price is expensive. だと「その値は値が高い」となり，２つの語に含まれる「値」の概念が重複する。だから「その値は高い（The **price** is **high**.）」と表現する。

8. 「その戦争は，19世紀後半に勃発した」 late（遅い）の比較変化は２種類（〔時間〕late — later — latest /〔順序〕late — latter — last）。「後半」＝「出てくる順序がより後の方」だから，**the latter half** という。

9. 「多くの少女たちがコンサートに来た」

10. 「水がほとんどないのだから，注意して使いなさい」

    急所 **few** と **little**

    ① 可算名詞 ｛ A few students know his name.（少しはいる）
              Few students know his name.（ほとんどいない）

    ② 不可算名詞 ｛ There is a little time left.（少しはある）
                There is little time left.（ほとんどない）

<答> 1. ⓐ happy ⓑ happily　2. ⓐ easily ⓑ easy　3. clean　4. large
　　 5. small　6. a large　7. high　8. latter　9. a few　10. little

第9章 Adjective 形容詞

【Bランク】

11. ⓐ　We can see two (alike, similar) houses over there.
    ⓑ　The twins are very much (alike, like).
    ⓒ　His house is (alike, like) a barn.

12. ⓐ　I caught (an alive, a live) fish.
    ⓑ　I caught a fish (alive, live).

13. Many a student (have failed, has failed) in the examination.

14. My room is very (narrow, small).

15. The traffic is not (busy, heavy) on this street.

16. It is (sure, certain) that he will succeed.

17. She is very (sensible, sensitive) to cold.

18. A dragon is an (imaginative, imaginary) animal.

19. The rain continued for ten (successive, successful) days.

20. He is a (respectable, respective) teacher.

11. ⓐ「むこうに2つの似た家が見える」 ⓑ「そのふたごはとてもよく似ている」
    ⓒ「彼の家は納屋のようだ〔に似ている〕」
    ＊alike は asleep 型の形容詞で，叙述用法のみ。similar は叙述・限定とも可。like は＜ like ＋～＞（～に似ている）という形で用いる。

12. ⓐ「私は生きた魚をつかまえた」 ⓑ「私は魚を生け捕りにした」
    ＊alive は alike と同じく叙述用法にのみ用い，限定用法には live〔láiv〕を用いる。ⓑはＳＶＯＣの構文で，「魚を生きたまま（の状態で）捕えた」が原意。O（fish）とC（alive）の間に主述関係が成立している。

13. 「多くの学生が試験に失敗した」
    ＊many a ＋単数名詞で「多くの～」の意味を表し，動詞は単数で受ける。

14. 「私の部屋はとてもせまい」
    ＊narrow は「幅がせまい」という意味で，wide の反意語である。「部屋がせまい」は幅に言及しているわけではないので，small（⇔ big, large）を用いる。

15. 「この通りは交通がはげしくない」 ＊traffic は heavy で修飾する。
    cf. a busy street（往来のはげしい通り）

16. 「彼が成功するのは確実だ」
    ＊sure と certain は同意語だが，It is sure that ～という形はない。

17. 「彼女は寒さに敏感だ」 sensible（分別がある），sensitive（敏感な），sensual（官能的な）

18. 「竜は架空の動物だ」 imaginative（想像力の豊かな），imaginary（想像上の），imaginable（考えうる）

19. 「雨は10日間降り続いた」

    succeed ＜ successful（成功した）— success（成功）
             successive（継続した）— succession（継続）

20. 「彼は立派な先生だ」 respectable（尊敬しうる），respectful（敬意を払って），respective（おのおのの）

＜答＞ 11. ⓐ similar ⓑ alike ⓒ like 12. ⓐ a live ⓑ alive 13. has failed
      14. small 15. heavy 16. certain 17. sensitive 18. imaginary
      19. successive 20. respectable

第9章 Adjective 形容詞

45 次の各文の（　）内に適当な前置詞を入れなさい。

【Aランク】

1. ⓐ The man was dependent (　　　) his son.
   ⓑ She is independent (　　　) her parents.
2. ⓐ This dictionary is different (　　　) yours.
   ⓑ She is indifferent (　　　) her dress.
3. ⓐ I am familiar (　　　) your name.
   ⓑ Your name is familiar (　　　) me.

4. He is two years senior (　　　) me.

5. This park is famous (　　　) cherry blossoms.

6. He was conscious (　　　) his mistake.

【Bランク】

7. ⓐ I was tired (　　　) his lecture. 〔～に飽きて〕
   ⓑ She looked tired (　　　) a long journey. 〔～に疲れて〕
8. ⓐ She was anxious (　　　) her son.
   ⓑ I am anxious (　　　) the news of his success.
9. ⓐ He is always true (　　　) his word.
   ⓑ This rule is not true (　　　) every case.
10. This train is bound (　　　) Osaka.

11. He is proficient (　　　) French.
12. You are responsible (　　　) the decision.
13. His courage is worthy (　　　) praise.

第9章　形容詞　**Adjective**

1. ⓐ「その人は息子に頼っていた」ⓑ「彼女は両親から独立している」
   *ⓐの on は「依存」を，ⓑの of は「分離」を表す。
2. ⓐ「この辞書は君のとは異なる」ⓑ「彼女は服には無関心だ」
   *ⓑ indifferent は different の反意語ではない点に注意。
3. ⓐ「私は君の名前をよく知っている」ⓑ「君の名前は私にはおなじみだ」
   急所 人＋ is familiar with ＋物＝物＋ is familiar to ＋人
   （人が物をよく知っている）
4. 「彼は私より2歳年上だ」 *ラテン語に由来するいくつかの形容詞では，「～よりも」の意味で to を用いる。
   ・prefer A to B （B より A を好む）
   ・junior［senior］to A （A より年下〔年上〕だ）
   ・superior［inferior］to A （A より優れて〔劣って〕いる）
5. 「この公園は桜の花で有名だ」　be famous for ～＝～で有名だ
   cf.　She is famous as an opera singer. （彼女はオペラ歌手として有名だ）
6. 「彼は自分の誤りに気づいていた」
   be conscious［aware］of ～＝～に気づいている

7. ⓐ「私は彼の講義に飽きた」
   ⓑ「彼女は長旅に疲れているようだった」
8. ⓐ「彼女は息子のことを心配していた」
   ⓑ「私は彼の成功の知らせを切に望んでいる」
9. ⓐ「彼は自分の言葉に忠実だ」
   ⓑこの規則はすべての場合に当てはまるわけではない」
10. 「この列車は大阪行きです」　cf. be bound to do ＝①～する義務がある（ought to）　②さっと～する（be sure to）
11. 「彼はフランス語に熟達している」
12. 「君はその決定に責任を負っている」
13. 「彼の勇気は賞賛に値する」be worthy of ＝ deserve（～に値する）

<答>　1. ⓐ on　ⓑ of　2. ⓐ from　ⓑ to　3. ⓐ with　ⓑ to　4. to　5. for
　　　6. of　7. ⓐ of　ⓑ from［with］　8. ⓐ about　ⓑ for　9. ⓐ to　ⓑ of
　　　10. for　11. in　12. for　13. of

第9章 Adjective 形容詞

46 次の各組の文の（　）内に下から適語を選んで入れ，日本文に相当する英文を完成しなさい。なお，同じ語は1回しか使えず，A，B各組に1つずつ不要な語が含まれています。

【Aランク】

1. What will the world be (　　　) in ten years?
（10年たったら世の中はどうなっているだろう）
2. Something is (　　　) with my watch.
（私の時計は故障している）
3. A (　　　) many books are published every year.
（毎年たくさんの本が出版される）
4. I am (　　　) of money for my trip.
（私には旅行の資金が不足している）
5. Now I am (　　　) from financial problems.
（今では私には金銭的な問題はない）
6. He is absent for a (　　　) reason.
（彼はある理由で欠席している）
7. All the people (　　　) burst into laughter.
（居合わせた人々は皆どっと笑い出した）
8. (　　　) a few people were injured in the accident.
（多くの人々がその事故で負傷した）

　　ア．free　イ．short　ウ．wrong　エ．present
　　オ．nothing　カ．like　キ．certain　ク．good　ケ．quite

第9章 形容詞　**A**djective

1. 急所 **What is ～ like?** ＝～はどのようなものか
   〈例〉 What is he like ?（彼はどんな人ですか）

2. **Something is wrong〔the matter〕with ～** ＝～の具合が悪い

3. **a good〔great〕many ～** ＝かなり〔非常に〕多くの～
   ＊a good〔great〕number of ～とも言う。good は「よい」ではない。

4. **be short of ～** ＝～が不足している
   ＊run short of（～が不足する）

5. **be free from〔of〕～** ＝～（の恐れ）がない

6. **a certain ＋名詞** ＝ある～

   急所 用法によって意味の変わる形容詞

	certain	present	late
限定用法	ある～	現在の～	故～
叙述用法	確実だ	出席して	遅い

7. **people〔those〕present** ＝出席者・居合わせた人々

8. 急所 **quite a few ＝ many**
   quite a little ＝ much
   ＊quite の代わりに not を用いても同じ。

＜答＞ 1.カ 2.ウ 3.ク 4.イ 5.ア 6.キ 7.エ 8.ケ

第9章 Adjective 形容詞

【Bランク】

9. She is (　　) about her dress.
   （彼女は着るものにうるさい）

10. Nine is an (　　) number.
    （9は奇数だ）

11. The train is (　　) in Tokyo at 5:30 p.m.
    （列車は午後5時半に東京に着く予定です）

12. I can't do the work, but he is (　　) to it.
    （私にはその仕事はできないが，彼ならできる）

13. All my teeth are (　　).
    （私の歯はすべて健康だ）

14. It was (　　) of you to cheat him.
    （彼をだますとはお前もあさましい男だ）

15. Let me have a (　　) look at it.
    （それをよく見せてくれ）

```
ア. due   イ. particular   ウ. able   エ. sound
オ. good  カ. equal        キ. mean   ク. odd
```

第9章 形容詞 Adjective

9. **be particular about** 〜＝〜の好みがうるさい

10. **odd number**（奇数）⇔ **even number**（偶数）

11. **due** ＝（〜に）到着する予定である
    cf. The accident is due to his carelessness.（その事故は彼の不注意による）

12. **be equal to** 〜＝〜する能力がある

13. **sound** ＝①（名）音　②（動）〜に聞こえる
    ③（形）健全な　④（副）深く，ぐっすり（sound asleep の形で）

14. **mean** ＝卑しい

15. 急所 **good** ＝「十分な」
    ・take good care of 〜（〜に十分注意する）
    ・make good use of 〜（〜を十分利用する）
    ・have a good look at 〜（〜をよく見る）
    ・have a good sleep（ぐっすり眠る）
    ・have a good rest（たっぷり休む）
    ・have a good meal（十分な食事をとる）

<答>　9．イ　10．ク　11．ア　12．カ　13．エ　14．キ　15．オ

Adjective 形容詞

47 次の各組の文の意味がほぼ同じになるように，(　) 内に適語を入れなさい。

【Aランク】

1. ⓐ I don't know what John said to her.
   ⓑ I am (　) of what John said to her.
   ⓒ I have no (　) what John said to her.
2. ⓐ He never breaks his promise.
   ⓑ He is as (　) as his word.

3. ⓐ Don't forget to post this letter.
   ⓑ Be (　) to post this letter.

4. ⓐ Something is wrong with my watch.
   ⓑ My watch is out of (　).

【Bランク】

5. ⓐ A policeman was the only one to be seen.
   ⓑ The only person (　) was a policeman.
6. ⓐ I was satisfied with the result.
   ⓑ The result was (　) to me.
7. ⓐ He has never been late to the minute.
   ⓑ He is always (　) to the minute.
8. ⓐ I can't do without this dictionary.
   ⓑ This dictionary is (　) to me.

9. ⓐ They bought plenty of food.
   ⓑ They bought a good (　) of food.
   ⓒ They bought not a (　) food.
10. ⓐ His success is out of the question.
    ⓑ His success is (　).

第9章　形容詞　**Adjective**

1. 「私はジョンが彼女に何と言ったのか知らない」
   急所 be ignorant of ～＝ have no idea ～＝～を知らない

2. 「彼は決して約束を破らない」　as good as one's word ＝約束を守る
   cf. He is as good as dead.（彼は死んでいるも同然だ）
   cf. He is a man of his word.（彼は約束を守る人だ）

3. 「この手紙を必ずポストに入れなさい」
   急所 「必ず～しなさい」
   ①　Be sure to ～　②　Don't forget to ～

4. 「私の時計は故障している」　out of order ＝故障して

5. 「目に入ったのは一人の警官の姿だけだった」
   ＊**visible**（見える），**audible**（聞こえる）はラテン語に由来する形容詞である。

6. 「私はその結果に満足した」
   ＊satisfying でもよいが、「満足のいく」という形容詞（satisfactory）を用いる。

7. 「彼は1分も遅れたことがない〔いつも時間を守る〕」
   punctual ＝時間厳守の

8. 「私はこの辞書なしではやっていけない」
   do without ～＝ **dispense with** ～＝～なしですます
   ＊indispensable（不可欠の）は dispense の形容詞に否定の接頭辞がついたものである。

9. 「彼らはたくさんの食料を買った」
   plenty of ＝ a good ［great］ deal of ＝ not ［quite］ a little ＝ much
   ＊plenty of は a lot of ［lots of］と同様に「数」「量」どちらにも使える。

10. 「彼の成功は考えられない」
    out of the question ＝ impossible（不可能だ，ありえない）

＜答＞　1. ⓑ ignorant ⓒ idea　2. good　3. sure　4. order　5. visible
　　　　6. satisfactory　7. punctual　8. indispensable ［essential］　9. ⓑ deal
　　　　ⓒ little　10. impossible

第10章 Adverb 副詞

1 too 型の副詞（語順に注意すべき副詞）

（a）　○　It is **too** good **a** story to be true. 🌱暗記
　　　　×　It is <u>a</u> <u>too</u> good story to be true.
　　　　　　（それは本当にしては話がうますぎる）

解説　（a）の文でもし too がなければ，It is a good story. である。この good を too で修飾すると，too good がひとかたまりになり，強調されて冠詞 a の前へ出ていく。この現象は次の4つの副詞について起こる。

🔑 too 型の副詞と冠詞

$\left.\begin{array}{l}\text{as・so}\\\text{too・how}\end{array}\right\}$ ＋形容詞＋ a ＋名詞
　　　　　　　　　　　(an)

なお，形容詞と冠詞の語順にも注意。

$\left\{\begin{array}{l}○\ \textbf{All the}\ \text{members}\\×\ \text{The all members}\end{array}\right\}$ approved of the proposal.

　　　（すべての会員がその提案に同意した）

🔑 all 型の形容詞と冠詞

$\left.\begin{array}{l}\textbf{all・both・half}\\\textbf{double・such}\end{array}\right\}$ ＋冠詞＊＋名詞

　　＊「冠詞」には a, an, the のほか this, that, 所有格などを含む。(p.251 参照)

　〈例〉　Both his parents died.（彼の両親は二人とも死んだ）

2 用法に注意すべき副詞

（a） ○ I am **very** fond of music.
　　　 × I am fond of music very much.
　　　　（私は音楽がたいへん好きだ）

解説 very と much には次のような役割分担がある。

	品詞	分詞	比較変化
very	**形容詞・副詞**	現在分詞	原級
much	**動詞**	過去分詞	**比較級・最上級**

＊very much は much に準ずる。

（a）の文では**形容詞の fond は very で修飾する**。同じ意味でも like（動詞）を使うと，I like music (very) much. のように言う。

＊分詞と very・much の関係については，次の例を参照のこと。
・This is a very interesting novel.（現在分詞は形容詞扱い）
・This book is much admired.（admired は過去分詞）
・I was much ［very］ surprised.（surprised は過去分詞と形容詞の中間）
・I am very tired.（tired は形容詞扱い）

（b）　She died ten years **ago**.（彼女は 10 年前に死んだ）
（b'）　She had died ten years **before**.（彼女はその 10 年前に死んでいた）

解説 ago は現在を基準にして「（今から）～前」を表し，**過去時制**とともに用いる。before は過去の 1 点を基準にして「（その時から）～前」を表し**過去完了時制**とともに用いる。

　　　　　過去の 1 点　　　　　　　　　　　現在

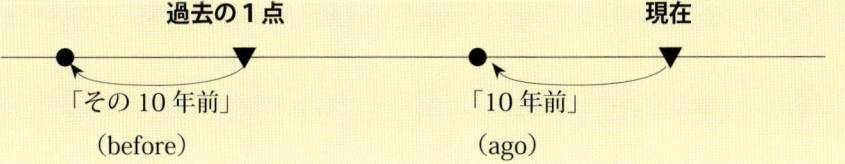

　　　●━━━━▼━━━━━━━━━●━━━━▼━━━━

　　「その 10 年前」　　　　　　　　「10 年前」
　　　（before）　　　　　　　　　　（ago）

第10章 Adverb 副詞

48 次の各文の [ ] 内の語を並べかえて，下の日本文に相当する英文を完成しなさい。

【Aランク】

1. He is so [that / man / I / him / lucky / envy / a].
   （彼はうらやましいほど運がいい）

2. This house is [live / us / to / enough / in / for / large].
   （この家は我々が住むには広すぎる）

3. She was [hurry / that / a / such / she / in] didn't have breakfast.
   （彼女は大変急いでいたので朝食をとらなかった）

4. Never [a / I / seen / lady / such / have / beautiful / she / as].
   （私は彼女ほど美しい婦人を見たことがない）

5. He has [number / books / twice / of / the / my].
   （彼は私の2倍の本を持っている）

6. I'm realizing [is / master / it / how / to / hard] English.
   （私は英語を習得することがどんなにむずかしいかがわかってきた）

第10章 副詞 Adverb

1. He is a lucky man. の lucky に so（たいへん）がつくと，lucky が so に引き寄せられて冠詞の前におかれ，He is so lucky a man（that 〜）となる。

2. ＜形容詞［副詞］＋ enough ＞が基本。ただし，名詞のときは enough はその前後どちらに置いてもよい。
   〈例〉 I have money enough [enough money] to buy a car.
   　　　　　　（名詞）　　　（十分な金）
   　　　I am rich enough to buy a car.（十分金持ちだ）
   　　　　　（形容詞）
   　　　＊enough rich は誤り。

3. She was in a hurry.（彼女は急いでいた）に such（たいへん）がつくと，
   ＜such a ＋名詞＞の語順から，She was in such a hurry（that 〜）となる。

4. 副詞の倒置＜副詞＋V＋S＞の基本例。

5. 倍数表現の基本形。twice は all 型に属し，twice the number（２倍の数）の語順をとる。（p.199参照）

6. It is very hard to master English. から感嘆文を作ると，How hard it is to master English !（英語を習得することは何とむずかしいのだろう）となる。

＜答＞　1．He is so lucky a man that I envy him.　　2．This house is large enough for us to live in.　　3．She was in such a hurry that she 〜　　4．Never have I seen such a beautiful lady as she.　　5．He has twice the number of my books.　　6．I'm realizing how hard it is to master English.

第10章 Adverb 副詞

49 次の各文の誤りを訂正しなさい。

【Aランク】

1. I have climbed Mt. Fuji last year.
   （私は去年富士山に登ったことがある）

2. It has snowed heavily before a week. （1週間前大雪が降った）
3. They told me that he had died three days ago.
   （「彼は3日前に死んだ」と彼らは私に言った）
4. This is the most beautiful picture that I have never seen.
   （こんな美しい絵は見たことがない）
5. She is kind to all us. （彼女は我々みんなに親切だ）
6. If you don't go, I will not go, too.
   （もし君が行かないのなら，私も行かない）
7. His speech was much disappointing. （彼の演説は全く期待はずれだった）
8. He is proud of his college very much.
   （彼は自分の大学をとても誇りに思っている）
9. He put on his hat but took off it at once.
   （彼は帽子をかぶったがすぐに脱いだ）
10. We gave up him for lost.
    （我々は彼を死んだものとあきらめた）

第10章 副詞 **A**dverb

1. 【急所】現在完了は過去の1点を表す副詞（句）とともには用いられない

   × 現在完了 ＋ (yesterday, last year, a week ago)
   　（過去形が正しい）　(when, just now など)

   〈例〉When { ○ did you come / × have you come } ？（いつ来たんですか）

2. 「1週間前」は a week ago。したがって時制も過去形。
3. 過去の1点が基準。「その3日前」だから three days before。
4. 「今までに見たことのある一番美しい絵だ」だから，never でなく ever。
5. ～ to us all. が正しい。口調で覚えよう。
6. 「私も行かない」という否定の相づちには too でなく either を用いる。
   If you don't go, I will not go, either. 【暗記】
7. disappointing は形容詞だから，much でなく very で修飾する。
8. proud は形容詞だから very で修飾する。
   （類例）× I am fond of music very much.
   　　　　○ I am very fond of music.（私は音楽がとても好きだ）
9.10. 【急所】動詞＋代名詞＋副詞（take it off 型の表現）

   take off（脱ぐ）のように，動詞＋副詞がひとつの動詞句を形成するとき，目的語の語順は次のようになる。

   ①目的語が名詞のとき…… take his cap off / take off his cap
   　　　　　　　　　　　　　　　（いずれの形も可）
   ②目的語が代名詞のとき…… take it off（この形のみ）
   　〈例〉see him off（彼を見送る）
   　　　　put it on（それを着る）⇔ cf. get on it（それに乗る）
   　　　　　　　　　　　　　　　　　＊この on は前置詞
   　　　　give it up（それをあきらめる）

   <答> 1. have climbed → climbed 2. has snowed → snowed / before a week → a week ago 3. ago → before 4. never → ever 5. all us → us all 6. too → either 7. much → very 8. proud → very proud / very much → とる 9. took off it → took it off 10. gave up him → gave him up

第10章 Adverb 副詞

11. Almost the students know such a thing.
    (ほとんどの学生がそんなことは知っている)

12. He went to upstairs and entered her room.
    (彼は2階へ上がって彼女の部屋へ入った)

13. He studied in abroad in his twenties.
    (彼は20代のとき留学した)

14. The wind was blowing so hardly that I could hardly walk.
    (風が強くて歩くのがやっとだった)

15. The number of students who come lately has increased lately.
    (最近遅れて来る学生が増えてきた)

16. In recently years environmental pollution has been greatly discussed.
    (近年，環境汚染がよく問題にされる)

17. To their much disappointment, he failed again.
    (彼らがとても失望したことに，彼はまた失敗した)

18. I went to the hospital to see my aunt in last week.
    (先週おばの見舞いに病院へ行った)

第10章　副　詞　Adverb

11. 🔶急所 **ほとんどの〜 = almost all 〜 = most 〜**

    most は「ほとんどの」という意味の形容詞だが almost（ほとんど）は副詞である。

    　　　almost　　　all　　　the students（ほとんどすべての学生）
    　　　（副）　　　（形）　　　（名）

12. 13. 🔶急所 **名詞と混同しやすい副詞（前置詞不要）**
    - ① go［study］t̶o̶　abroad（外国へ行く［留学する］）
    - ② go t̶o̶　home（家へ帰る）
    - ③ go t̶o̶　upstairs（上の階へ行く）
    - ④ go t̶o̶　downtown（繁華街へ行く）

14. **hard**（強く，きびしく）と **hardly**（ほとんど〜ない）を混同しないこと。

15. **late**（遅れて）と **lately**（最近）を混同しないこと。

16. years（名詞）を修飾するのは recent（形容詞）。

17. disappointment（名詞）を修飾するのは great（形容詞）。to their disappointment という副詞句を much で修飾してもよい。

18. **this，last，next** などのつく副詞句には前置詞をつけない。

    〈例〉 I got up early i̶n̶ this morning.（私は今朝早く起きた）

＜答＞　11. Almost → Almost all　12. to → とる　13. 前の in → とる　14. so hardly → so hard　15. come lately → come late　16. recently → recent　17. much → great または To their much disappointment → Much to their disappointment　18. in → とる

第10章 Adverb 副詞

50 次の各組の文の（　　）内に下から適語を選んで入れ，日本文に相当する英文を完成しなさい。なお，同じ語は1回しか使えず，各組に1つずつ不要な語が含まれています。

【Aランク】

1. "What's (　　)?"　"Quarrelling with my wife again."
   （「何かあったのかい」「また女房とけんかさ」）
2. He is better (　　) than before.
   （彼は以前より暮し向きがよい）
3. (　　) a few people were injured in the accident.
   （その事故で多くの人々が負傷した）
4. It is (　　) cold for March, isn't it?
   （3月にしてはかなり寒いですね）
5. He took great care, and (　　) he made a mistake.
   （彼は細心の注意を払ったが，それでも間違えた）
6. "Where is my hat?" ─ "(　　) you are."
   （「私の帽子はどこにありますか」─「はい，どうぞ」）

```
ア．quite    イ．greatly   ウ．up    エ．here
オ．off      カ．yet       キ．pretty
```

【Bランク】

7. He was (　　) bound by the feet.
   （彼は両足を固くしばられていた）
8. The baby soon fell (　　) asleep.
   （赤ん坊はすぐぐっすり眠った）

第10章　副　詞　Adverb

1. **What's up**？は What's the matter（with you）？などと同じく，あいさつの表現としてよく用いる。
2. **be well [badly] off** ＝暮し向きがよい（悪い）
   *比較級は be better [worse] off。
3. **quite a few** ＝ **many**（p.175参照）
4. かなり＝ fairly・quite・rather・pretty（very よりも意味は弱い）
5. （**and**）**yet** ＝ **but**
   * yet が「しかし」の意味になることを知らない者が意外に多い。要注意。
6. **Here you are**.（どうぞ，ここにあります）は，物を差し出すときの決まり文句。
   cf. Here we are（at the station）. ＝さあ（駅に）着いた。
7. **fast** ＝（形）固着した（副）しっかりと，固く→ fasten [fǽsn]（動）締める
   * fasten から fastener（ファスナー＝チャック）ができる。
8. fast [dead] asleep とも言うが，**sound asleep**（ぐっすり眠る）が決まり文句。

＜答＞　1．ウ　2．オ　3．ア　4．キ　5．カ　6．エ　7．イ　8．エ

第10章 Adverb 副詞

9. The arrow fell ( ) of the target.
   （矢は的をはずれた）

10. He was ( ) tired.
    （彼はへとへとに疲れていた）

11. He was standing ( ).
    （彼はじっと立っていた）

| ア．still | イ．fast | ウ．deep |
| エ．sound | オ．wide | カ．dead |

51 次の各文の（　）内に適語を入れて，下の日本文に相当する英文を完成しなさい。

【Aランク】

1. He is (　　　) but a fool. / He is (　　　) from a fool.
   （彼は決してばかではない）
2. It is (　　　) no means easy.
   （それは決してやさしくない）
3. He explained it (　　　) detail. （彼はそれをくわしく説明した）
4. (　　　) any rate I object to the plan. （とにかくその計画には反対だ）
5. I have read many novels so (　　　). （今まで私は多くの小説を読んできた）

【Bランク】

6. There may be an earthquake at (　　　) moment.
   （いつなんどき地震があるかしれない）
7. She has some defects, but I like her all the (　　　).
   （彼女には多少欠点はあるが，それでも私は彼女が好きだ）

9. この **wide** は「(中心から) 離れた」の意味。
   〈例〉 Your opinion is wide of the mark.（君の意見は見当外れだ）
   　　　　　　　　　　　[＝ beside the mark]
10. この **dead** は「全く (completely)」の意味。
    〈例〉 He was dead asleep.（彼はぐっすり眠っていた）
11. この **still** は「静止して」の意味。
    〈例〉 be at a standstill ＝停止している

1. 🔑 **anything but** 〜＝ **far from** 〜＝ **not** 〜 **at all**（決して〜ない）
   cf. **nothing but** 〜＝ **only** 〜（〜にすぎない）
2. **by no means** 〜＝ **not** 〜 **at all**（決して〜ない）
   cf. "May I use your phone?" — "By all means."（いいですとも）
3. **in detail** ＝詳細に
4. **at any rate** ＝①とにかく　②少なくとも（at least）
5. **so far** ＝今までのところ（up to the present）
6. (**at**) **any moment** ＝(at) any minute ＝いつなんどき
7. **all**［**just**］**the same** ＝①それでもやはり　②同じことだ，どうでもよい
   🔑「どうでもよい」
   　It ｛**doesn't matter** / **makes no difference** / **is all the same**｝ to me **whether** he wins or not.
   （彼が勝とうが負けようが私にはどうでもよい）

50＜答＞　9. オ　10. カ　11. ア
51＜答＞　1. anything / far　2. by　3. in　4. At　5. far　6. any　7. same

Adverb 副詞

52 次の各文の下線部の言い換えとして適当な語を下から選びなさい。

【Bランク】

1. He worked hard, but failed.

2. By the way, are you free tonight?

3. The honest will win in the long run.

4. He broke the glass on purpose.

5. She grew weaker by degrees.

6. I met an old friend of mine by chance.

7. I sent my baggage in advance.

8. I heard the news at first hand.

9. There is no doubt in the world about it.

10. Her heart all but stopped when she heard the news.

11. I got the dictionary for nothing.

ア．eventually	イ．intentionally	ウ．whatever
エ．vainly	オ．gradually	カ．incidentally
キ．directly	ク．accidentally	ケ．almost
コ．beforehand	サ．free	

第10章 副詞 Adverb

1. 「彼は猛勉強したが失敗した」
   vainly ＝ in vain（むだに）
2. 「ところで，今晩ひまですか」
   incidentally ＝ by the way（ところで）
3. 「正直者が結局は勝つものだ」
   eventually ＝ in the long run（結局）
4. 「彼はわざとガラスを割った」
   intentionally ＝ deliberately ＝ on purpose（わざと）
5. 「彼女はだんだん弱っていった」
   gradually ＝ by degrees（徐々に）
6. 「私は偶然旧友に会った」
   accidentally ＝ by chance［accident］（偶然）
7. 「私は前もって手荷物を送っておいた」
   beforehand ＝ in advance（あらかじめ）
8. 「私はその知らせを直接聞いた」
   directly ＝ at first hand（直接に）
      cf. indirectly ＝ at second hand（間接的に）
9. 「それについては何の疑いもない」
   否定・疑問の強調 — at all, in the world, on earth, whatever など
   〈例〉 Who in the world said so ?（一体誰がそう言ったのか）
10. 「その知らせを聞いて彼女の心臓はほとんど止まりそうだった」
    almost ＝ all but（ほとんど）
11. 「私はその辞書をただで手に入れた」
    for nothing ＝ free（無料で）

<答> 1. エ 2. カ 3. ア 4. イ 5. オ 6. ク 7. コ 8. キ 9. ウ 10. ケ
11. サ

第11章 Comparative 比較

1 比較を含む書き換え

(a) He is the <u>tallest</u> boy in his class.
→ He is **taller than any other boy** in his class. 🗨暗記
→ **No other boy** in his class is **taller** than he.
→ He is **as tall as any** boy in his class.
　　（彼はクラスで一番背の高い少年だ）

(b) Alice is <u>more</u> beautiful <u>than</u> Betty.
→ Betty is <u>not</u> <u>so</u> beautiful <u>as</u> Alice.
　　（アリスはベティより美しい。/ベティはアリスほど美しくない）

> **解説** （a）はいわば公式と言えるが，（b）の問題では意味を正確にとらえる注意力と作文力が要求されている。

2 注意すべき比較の用法

(a) ○ He is **more wise than clever**.
　　× He is <u>wiser</u> than clever.
　　（彼は利口というよりむしろ分別のある男だ）

(b) ○ Summer is **hottest** in July.
　　× Summer is <u>the hottest</u> in July.
　　（夏は７月が一番暑い）

> **解説** （a）では，彼の持っている性格同士が比較されている。このように同一（人）物中の２つの性格を<u>比較するとき</u>は，形容詞同士の比較であることを明示するために<u>more A than B の形</u>を常に用いる。

第11章　比　較　**Comparative**

（b）では「夏」という季節の中の個々の月を比較している。このように同一（人）物中の部分同士を比較するときは最上級に the をつけない。

3 比較を含む慣用表現

（**a**）　I can no more swim than a hammer can. 暗記
　　　（金づちが泳げないのと同じように私は全く泳げない）

（**b**）　He is not so much a scholar as a poet. 暗記
　　　（彼は学者というよりもむしろ詩人だ）

解説　（a）は「クジラの公式」という構文のバリエーションである。すなわち，
　A whale is no more a fish than a horse is.
　（くじらが魚でないのは馬が魚でないのと同じだ）
の形で，no more を ≯ の記号で表すと，
・［A whale is a fish. の程度］≯ ［A horse is a fish. の程度］
となる。つまり，「くじらの魚らしさ」は「馬の魚らしさ」より大きいとは言えないという意味になる。この考え方を（a）に適用すると，
・［I can swim. の程度］≯ ［A hammer can swim. の程度］
となる。「金づちは泳げない」という自明の事実によって「私の泳げなさ」を強調しようとするレトリックの一種である。
（b）では，not so...as 〜＝〜ほど…ない＝ less...than 〜 であることから，not so much A as B を A＜B と表すことができる。つまり，
・［He is a scholar. の程度］＜ ［He is a poet. の程度］

急所　混同しやすい比較を含むイディオム

① I have { no more than / only } 100 dollars.（私は 100 ドルしか持っていない）

② I have { not more than / at most } 100 dollars.（私はせいぜい 100 ドルしか持っていない）

③ I have { no less than / as much as } 100 dollars.（私は 100 ドルも持っている）

④ I have { not less than / at least } 100 dollars.（私は少なくとも 100 ドルは持っている）

第11章 Comparative 比較

53 次の各組の文の意味がほぼ同じになるように，（　　）内に適語を入れなさい。

【Aランク】

1. ⓐ I don't spend so much time at work as at play.
   ⓑ I spend (　　) time at work than at play.

2. ⓐ Tokyo has the largest population of all the cities in Japan.
   ⓑ (　　) (　　) city in Japan has (　　) population than Tokyo.

3. ⓐ Mt. Fuji is the highest mountain in Japan.
   ⓑ Mt. Fuji is higher than (　　) (　　) (　　) in Japan.

4. ⓐ Health is the most precious thing of all.
   ⓑ Health is more precious than (　　) (　　).
   ⓒ (　　) is so precious as health. 〔暗記〕

5. ⓐ This is the most beautiful picture that I have ever seen.
   ⓑ I have (　　) seen (　　) a beautiful picture as this.

6. ⓐ He is two years senior to me.
   ⓑ I am (　　) than (　　) (　　) two years.

第11章 比較 Comparative

1. 「私は仕事には遊ぶときほどの時間を費やさない（遊ぶ時間の方が長い）」
   not... so [as] 〜 as ... = less 〜 than...

2. 「東京は日本のすべての都市のうちで最も人口が多い」
   ⓑ は「日本中の他のどの都市も東京より大きな人口を持ってはいない」

3. 「富士山は日本で一番高い山だ」
   ⓑ は「富士山は日本の他のどの山よりも高い」

4. 「健康ほど貴重なものはない」

   急所 Nothing is $\begin{cases} \text{more 〜 than} \\ \text{so 〜 as} \end{cases}$ A. ＝ Aほど 〜 なものはない

5. 「こんなに美しい絵は見たことがない」
   ⓐ は「これは私が今までに（ever）見たことのある最も美しい絵だ」

6. 「彼は私より2歳年上だ」

   急所 AはBより2歳年上だ

   ① A is two years $\begin{cases} \text{older than} \\ \text{senior to} \end{cases}$ B.

   ② A is older than B **by two years**.
      ＊「年下」なら younger [junior] を用いる。
      ＊Bが代名詞のときは，older than he・senior to him のようになる。

＜答＞　1. less　2. No, other, larger　3. any, other, mountain　4. anything, else / Nothing　5. never, such　6. younger, he, by

7. ⓐ He has three times the number of my stamps.
   ⓑ He has three times (　　) (　　) (　　) (　　) I have. 暗記

8. ⓐ This box is half as heavy as that one.
   ⓑ That box is (　　) as heavy as this one.
   ⓒ That box is (　　) the (　　) of this one.

9. ⓐ Read as many books as you can.
   ⓑ Read as many books as (　　).

10. ⓐ I prefer skiing to skating.
    ⓑ I like skiing (　　) (　　) skating.
    ⓒ I prefer to ski (　　) (　　) to skate.

第11章 比較 Comparative

7.「彼は私の3倍の切手を持っている」

8.「この箱はあの箱の半分の重さだ」

急所 倍数の表現

① AはBの半分の数だ：A is half $\begin{Bmatrix} \text{as many as} \\ \text{the number of} \end{Bmatrix}$ B.

② AはBの2倍の大きさだ：A is twice $\begin{Bmatrix} \text{as big as} \\ \text{the size of} \end{Bmatrix}$ B.

③ AはBの3倍の重さだ：A is three times $\begin{Bmatrix} \text{as heavy as} \\ \text{the weight of} \end{Bmatrix}$ B.

9.「できるだけ多読せよ」 as ～ as 人 can = as ～ as possible =できるだけ～

10.「私はスケートよりもスキーの方が好きだ」

　　　like A better than B = **prefer A to B** = BよりAの方を好む
　　（注） AとBがともに to 不定詞のときは，prefer to do rather than (to) do。

<答> 7. as, many, stamps, as　8. twice / twice, weight　9. possible
10. better, than / rather, than

54 次の各文中に誤りがあれば訂正しなさい。なければ番号に○をつけなさい。

【Aランク】

1. He is taller of the two boys.
   （彼は2人の少年たちのうち背の高い方だ）

2. He looks more ill today than yesterday.
   （彼は昨日より今日の方が具合が悪そうだ）

3. Light travels very faster than sound.
   （光は音よりもはるかに速く進む）

【Bランク】

4. No other life was so dramatic as Napoleon.
   （ナポレオンの人生は最も劇的だった）

5. It is warmer here than Tokyo.
   （ここは東京より暖かい）

6. This lake is the deepest at this point.
   （この湖はここが一番深い）

第11章 比 較 Comparative

1. **急所** 比較級に the のつく場合
   ① **the ＋比較級＋ of the two**（2つ［2人］のうちで～な方だ）
      This box is the bigger of the two.（この箱は2つのうちで大きい方だ）
   ② **The ＋比較級，the ＋比較級**（～すればするほど～だ）
      The older he grew, the weaker he became.
         （年とるにつれて彼は弱々しくなった）
   ③ **all the ＋比較級＋ because［for］**（～だからますます～だ）など
      I like him all the better for his faults.
         （彼には欠点があるからますます好きだ）
      *②の2つめの the と ③の the は副詞（それだけいっそう）である。
      He is the taller of the two boys. 暗記

2. ill ― worse ― worst と変化する。

3. 比較級の強調（はるかに，ずっと）＝ **much，still，by far，even** など
      cf. He is much the tallest of us.〔最上級の強調「断然，一番」〕

4. 「他の人生」と「ナポレオンの人生」を比べなければならない。

5. here（副詞）と比べるべきものは in Tokyo（副詞句）である。

6. 同一物中の要素間の比較だから the をつけない。(p.194参照)

<答> 1. taller → the taller 2. more ill → worse 3. very → much ［still］
4. Napoleon → Napoleon's または that of Napoleon 5. Tokyo → in Tokyo
6. the → とる

第11章 Comparative 比較

55 次の各組の [ ] 内の語を並べかえて，下の日本文に相当する英文を作りなさい。ただし，余分な語が1つずつ含まれています。また，文頭に置く語も小文字で始めてあります。

【Aランク】

1. He [more / can / he / not / money / spend / has / than].
   He _____.
   （彼は使い切れないほどの金を持っている）

2. When you write in English, [as / as / you / words / possible / many / use / easy].
   When you write in English, _____.
   （英語で書くときは，やさしいことばをできるだけたくさん使いなさい）

【Bランク】

3. He is [statesman / as / as / lived / a / rarely / great / ever].
   He is _____.
   （彼は史上まれにみる政治家だ）

4. [brothers / more / be / two / most / unlike / no / could] in character.
   _____ in character.
   （兄弟であれほど性格の違う2人はいないだろう）

第11章 比較 Comparative

1. 「彼は自分が使うことのできるより多くの金を持っている」だから not は不要。

2. 〜 use easy words as many as possible は誤り。many は形容詞だから words を修飾する位置（as <u>many</u> easy words 〜）に置く。

3. ① He works <u>as</u> hard <u>as</u> ever.
   （相変わらず熱心に〜）
   ② He is <u>as</u> great a musician <u>as</u> ever lived.
   （史上まれにみる大音楽家だ）
   cf. He is <u>as</u> clever <u>as any</u> student.
   （どの学生にも劣らず［＝一番］賢い）

4. （類例）<u>Nothing</u> could be <u>so</u> absurd.
   （こんなばかげたことはない）〔文尾に as this が省略されている〕

<答> 1. He has more money than he can spend. 2. 〜, use as many easy words as possible. 3. He is as great a statesman as ever lived. 4. No two brothers could be more unlike in character.

第11章 Comparative 比較

56 次の各文の（　　）内に適語を入れて，下の日本文に相当する英文を完成しなさい。

【Aランク】

1. He can't so (　　　) (　　　) write his own name.
   （彼は自分の名前さえ書けない）

2. He left the room (　　　) so (　　　) (　　　) saying good-bye.
   （彼はさよならさえ言わないで部屋を出ていった）

3. She loved him (　　　) (　　　) (　　　) { for his faults.
   { because he had faults. 〔暗記〕
   （彼女は彼が欠点を持っているのでますます彼を愛した）

4. She loved him (　　　) the (　　　) { for his faults.
   { because he had faults.
   （彼は欠点を持っていたが，それでも彼女は彼を愛した）

5. He stayed there (　　　) (　　　) than two days.
   （彼はそこにたったの2日だけ滞在した）

6. It takes (　　　) (　　　) than two days to do the task.
   （その仕事をするには少なくとも2日かかる）

7. (　　　) (　　　) ten students will go on the picnic.
   （ピクニックに行く学生はせいぜい10人でしょう）

8. She is (　　　) (　　　) beautiful than her sister.
   （彼女は姉に劣らず美しい）

第11章 比 較 **C**omparative

1. not so much as 〜 = 〜さえ…ない

2. without so much as 〜 = 〜さえしないで（1.のバリエーション）

3. 急所 all the ＋比較級＋ $\begin{cases} \text{for ＋名詞（句）} \\ \text{because S＋V} \end{cases}$ = 〜だからますます…

4. 急所 none the less ＋ $\begin{cases} \text{for ＋名詞（句）} \\ \text{because S＋V} \end{cases}$ = 〜だがそれでも…

5. no more than = only（〜だけ）

6. not less than = at least（少なくとも）

7. not more than = at most（多くとも, せいぜい）

8. no less 〜 than … = …に劣らず〜だ

<答> 1. much, as 2. without, much, as 3. all, the, more 4. none, less
     5. no, more 6. not, less 7. At, most 8. no, less

205

第11章 Comparative 比較

9. You are (　　　) (　　　) a mere child.
   = You are not a mere child (　　　) (　　　).
   (君はもう小さな子供じゃない)

10. A bat is not a bird (　　　) (　　　) than a fish is.
    (魚が鳥でないのと同様に，こうもりは鳥ではない)

11. (　　　) (　　　) we climbed, (　　　) (　　　) it became. 🟢暗記
    (我々が高く登れば登るほど，ますます寒くなった)

12. I never think of it, (　　　) (　　　) say it.
    (私はそんなことを考えてもいないし，まして口にするようなことはない)

13. He wrote three novels in (　　　) (　　　) years.
    (彼は3年で3編の小説を書いた)

14. To (　　　) matters (　　　), it began to rain.
    = (　　　) was (　　　), it began to rain.
    (さらに悪いことに，雨が降りだした)

15. The cherry blossoms in Ueno Park are (　　　) their (　　　).
    (上野公園の桜の花は今が盛りだ)

【Bランク】

16. A man is (　　　) (　　　) (　　　) what he appears.
    (人の性格は多かれ少なかれ外見にあらわれるものだ)

第11章 比 較 **Comparative**

9. **no longer ＝ not ～ any longer** ＝もはや～ない（no ＝ not ＋ any）

10. **no more ～ than ... ＝ not ～ any more than ...** ＝…と同様に～ない

11. **The ＋比較級, the ＋比較級** ＝～すればするほどますます～だ

12. **much [still] less ～** ＝まして～ない

13. **as many** ＝同数の（前に出てきた数と同じ，ということ）
    cf. They worked like so many ants.（彼らはさながらありのように働いた）
       ＜「同数のありのように」が原意＞

14. **what is ＋比較級** ＝さらに～なことには
    ・He said it, and what was more surprising, he did it.
    （彼はそう言い，さらに驚くべきことにそれを実行した）
    ＊ to make matters worse ＝ what is worse（さらに悪いことには）

15. **at one's best** ＝盛りで，最もよい状態にある

---

16. **more or less** ＝多かれ少なかれ
    cf. **sooner or later** ＝遅かれ早かれ

＜答＞ 9. no, longer / any, longer 10. any, more 11. The, higher, the, colder
12. much [still], less 13. as, many 14. make, worse / What, worse
15. at, best 16. more, or, less

第11章 Comparative 比較

17. I am not (　　　) the (　　　) afraid of him.
    （私は彼など少しも恐れていない）

18. He is a second-rate writer (　　　) (　　　).
    （彼はせいぜい二流作家だ）

19. Nagoya is (　　　) (　　　) (　　　) city in Japan.
    （名古屋は日本で4番目に大きい都市だ）

20. He went so (　　　) as to yell at me.
    （彼は私をどなりつけさえした）

57 次の各組の文の意味がほぼ同じになるように，(　　　)内に適語を入れなさい。

【Aランク】

1. ⓐ As we grow older, we become wise.
   ⓑ (　　　) (　　　) we grow, (　　　) (　　　) we become.

2. ⓐ He is not so foolish as to answer back.
   ⓑ He (　　　) (　　　) than to answer back. 〔暗記〕

3. ⓐ He is not so much a (　　　) as a (　　　).
   ⓑ He is a journalist (　　　) (　　　) a novelist.

第11章 比較 Comparative

17. not 〜 in the least ＝ not 〜 at all（全然〜ない）

18. at best（よくても，せいぜい）↔ at worst（悪くても）
    cf. He will come tomorrow at(the)latest.（彼は遅くても明日には来るだろう）

19. the ＋序数詞＋ biggest ＝〜番目に大きい

20. go so far as to 〜 ＝ 〜までも［極端に］する

1.「年とるにつれて我々は賢くなる」
　　as（〜につれて）を「〜すればするほどそれだけ」の形で書き換える。

2.「彼は口ごたえするほどばかではない」
　　🔖 know better than ＋ to 不定詞＝〜しないだけの分別がある

3.「彼は小説家というよりむしろジャーナリストだ」
　　🔖 not so much A as B ＝ B rather than A（AというよりむしろBだ）

56<答> 17. in, least 18. at, best 19. the, fourth, biggest [largest] 20. far
57<答> 1. The, older, the, wiser 2. knows, better 3. novelist, journalist / rather, than

第12章 Auxiliary Verb 助動詞

1 助動詞の基本的な意味

（**a**）He **cannot** solve the problem.
　　　（彼はその問題を解くことができない）
（**b**）He **cannot** be a teacher.
　　　（彼が教師であるはずがない）

解説　（a）のcanは可能（できる）を，（b）のcanは可能性（ありうる）を表す。

急所　can, may, must の二義性

	can	may	must
＋意志動詞 go, write など	できる （可能）	してよい （許可）	ねばならない （義務）
＋無意志動詞 be, rain など	ありうる （可能性）	かもしれない （推量）	ちがいない （断定）

〈例〉　He must start at once.

（彼はすぐ出発 { ○ せねばならない / × するにちがいない } ）

＊startは意志動詞だから，下のような解釈は生じない。

その他の主な助動詞の代表的な意味を挙げておく。

will	① 単純未来（〜だろう）：He will be back soon. ＜2・3人称＞
	② 意志未来（〜しよう）：I will be back soon. ＜1人称＞
	③ 習性（〜するものだ）：Accidents will happen.
would	① 過去の習慣（〜したものだ）：I would often go to the movies.
	② 固執（どうしても〜した）：The door would not open.
shall	意向を問う（〜しましょうか）：Shall I open the window?

should	①	義務・当然（～すべきだ）：We should do our duties.
	②	感情（訳す必要なし）：It is strange that he should get angry.
may	①	譲歩（訳す必要なし）：However tired you may be, you must walk.
	②	目的（訳す必要なし）：Hurry up so that you may catch the train.
used to		過去の習慣（～したものだ）：We used to play tennis.
need		必要（～する必要がある）：You need not go.〔否定文・疑問文中〕

2 助動詞＋have＋p.p.

（a）　He must be rich.（彼は金持ちにちがいない）

（a′）　He **must have been** rich.（彼は金持ちだったにちがいない）　暗記

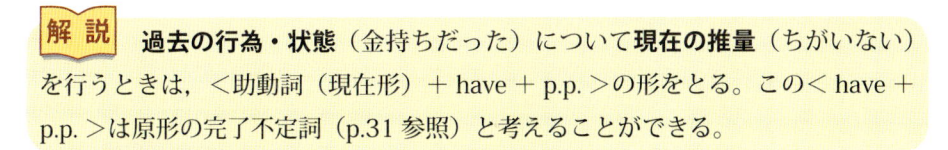

解説　**過去の行為・状態**（金持ちだった）について**現在の推量**（ちがいない）を行うときは，＜助動詞（現在形）＋have＋p.p.＞の形をとる。この＜have＋p.p.＞は原形の完了不定詞（p.31参照）と考えることができる。

（b）　You **should have seen** that movie.　暗記

　　　（あの映画を見るべきだったのに〔見なくて惜しいことをした〕）

（b′）　I **intended to have gone** to the concert last week.

　　　（そのコンサートに行くつもりだったのに〔行けなくて残念だ〕）

解説　＜have＋p.p.＞が「過去の不成立（に対する後悔）」を示す場合がある。

　急所「過去の不成立」を＜have＋p.p.＞で表す助動詞・動詞

　・助動詞……should・ought to・need
　・動詞……hope・want・wish・intend・expect　など
　・その他……was［were］＋to have＋p.p.（→p.219参照）

第12章 Auxiliary Verb 助動詞

58 次のAの各文に対する受け答えの文として適当なものをBから1つずつ選びなさい。なお，同じ文は1回しか選べません。

【A ランク】

A

1. Can I use your dictionary?

2. Would you mind my opening the window? 〔暗記〕

3. May I open the window?

4. Shall I bring something to drink?

5. Shall we have lunch?

6. Do I have to attend the meeting?

7. Won't you please dance with me?

B

ア．Certainly not.　イ．Yes, please.　ウ．Why not?　エ．Yes, let's.
オ．No, you need not.　カ．No, you must not.　キ．Sure. Here you are.

第12章　助動詞　Auxiliary Verb

1. 「君の辞書を使っていいかい」―「いいとも，どうぞ」
   can には may（許可）の意味もある。may よりくだけた言い方である。
   > 急所　May［Can］I ～？に対する「いいですよ」の表現
   > ①　All right.　②　Sure.　③　Of course.　④　Why not ?

2. 「窓を開けてもかまいませんか」―「いいですよ」
   mind は「かまう（いやがる）」という意味だから，「かまわない」という答の文を作るためには，その文中に否定語を置く必要がある。
   > 急所　Would［Do］you mind ～？に対する「いいですよ」の表現
   > ①　No, not at all.　②　Certainly not.　③　Of course not.

3. 「窓を開けてもいいですか」―「いいえ，いけません」
   「してはいけない」は must［may・can］＋ not で表せる。

4. 「何か飲み物を持ってきましょうか」―「ええ，お願いします」
   Shall I ～？（～しましょうか）
   ― Yes, please.（ええ，お願いします）
      No, thank you.（いいえ，けっこうです）

5. 「昼食にしましょうか」―「そうしましょう」
   Shall we ～？（～しましょうか）― Yes, let's.（そうしましょう）
                                    No, let's not.（よしましょう）

6. 「会合に行かねばなりませんか」―「いいえ，行かなくてもよろしい」
   ①　have to ＝ must　②　don't have to ＝ need not
                                    （～する必要はない）

7. 「いっしょに踊っていただけますか」―「いいですとも」
   Why not ?は勧誘・依頼などに対して肯定の返事をする場合に用いられる。したがって（「１回しか選べない」という制約がなければ）1. や3. の文に対する答としても用いることができる。

<答>　1. キ　2. ア　3. カ　4. イ　5. エ　6. オ　7. ウ

第12章 Auxiliary Verb 助動詞

59 次の各文の（　）内に適語を入れて，下の日本文に相当する英文を完成しなさい。

【A ランク】

1. Let's start early, (　) (　)?
   （早く出発しましょうよ）
2. I (　) often play with him when a child.
   （私は子供の頃よく彼と遊んだものです）
3. It (　) be raining outside.
   （きっと外は雨でしょう）
4. His story (　) be false.
   （彼の話がうそであるはずがない）
5. Whoever (　) treat him, he will not recover.
   （たとえ誰が治療に当たっても，彼は回復しないだろう）
6. Never (　) I dream of such a good luck.
   （私はそんな幸運を夢にも思わなかった）

7. It is strange that he (　) refuse our help.
   （彼が我々の助けを拒否するとは不思議だ）
8. I insisted that we (　) give him a helping hand.
   （我々が彼に救いの手をさしのべるよう私は提案した）
9. He may (　) get angry with you.
   （彼が君に腹を立てるのはもっともだ）
10. You may (　) (　) prepare for your examination.
    （君は試験の準備をした方がよい）
11. You might (　) (　) throw your money away (　) lend it to him.
    （彼に金を貸すくらいなら投げ捨てた方がましだ）
12. I would (　) stay at home (　) go with him.
    （彼といっしょに行くより家にいたい）

第12章　助動詞　**A**uxiliary **V**erb

1. 急所 Let's ～, shall we ？＝～しましょうよ〔付加疑問文〕

2. would（often）～＝よく～したものだった〔過去の習慣〕
   ＊used to ～は規則的，would は不規則な習慣を表す。

3. must ～＝～にちがいない（must be の形で用いることが多い）

4. cannot ～＝～のはずがない（cannot be の形で用いることが多い）

5. 譲歩（たとえ～でも）を表す節中に用いる may。訳出しなくてよい。

6. I never dreamed of such a good luck. という文から never が文頭に出てくると，＜副詞＋V＋S＞の倒置が起こる。S（I）とV（dreamed）が倒置されると，疑問文を作るときと同じように did I dream となる。did は助動詞である。（→ p.144参照）

7. 感情を表す文中に用いる should。訳出しなくてよい。

8. 要求・提案などを表す文中に用いる should。訳出しなくてよい。

9. S may well ～＝ It is natural that S（should）～（Sが～するのは当然だ〔もっともだ〕）

10. may as well ～＝～する方がよい，～してもよい

11. might as well A as B ＝ BするくらいならAする方がました

12. would rather A than B ＝ BするよりむしろAしたい

```
＜答＞  1. shall, we   2. would   3. must   4. cannot [can't]   5. may   6. did
        7. should   8. should   9. well   10. as, well   11. as, well, as   12. rather, than
```

第12章 Auxiliary Verb 助動詞

13. There (　　) to be a big house in this neighborhood.
（かつてこの近所に大きな家があった）

14. You (　　) to know better at your age.
（あなたの年齢ならもっと分別があるはずだ）

15. You (　　) be too careful when you drive a car. 暗記
（車を運転するときは，どんなに注意してもしすぎではない）

【Bランク】

16. Oil (　　) float on water.
（油は水に浮く）

17. I (　　) never forget your kindness.
（君の親切は決して忘れないよ）

18. I (　　) go, but I couldn't see him.
（私はほんとうに行ったのだが，彼に会えなかった）

19. Why (　　) our employees strike ?
（いったいどうしてうちの従業員はストライキをやるのだろう）

60 次の各文の（　　）内に適語を入れて，下の日本文に相当する英文を完成しなさい。

【Aランク】

1. She (　　)(　　)(　　) such a rubbishy novel.
（彼女がそんなくだらない小説を書いたはずがない）

2. She (　　)(　　)(　　) a beauty in her day.
（彼女は若い時美人であったにちがいない）

13. **There used to be ～** ＝かつて～があった（「今はもうない」という含みがある）

14. **ought to [should]** ＝①～すべきだ〔義務・当然〕
    　　　　　　　　　　　②～するはずだ〔確信〕
    cf. He should come by five.（彼は5時までに来るはずだ）

15. 急所 **cannot ～ too …** ＝いくら…してもしすぎではない
    cf. I cannot thank you enough.（お礼の申しようもございません）
    cf. We can't overestimate his achievements.
    　　（彼の業績はいくら評価してもしすぎではない）

---

16. **習性**（～するものだ）の **will** を用いる。

17. **I shall never forget ～** ＝～を決して忘れない
    ＊この shall は1人称の強い決意を表す。

18. **I did go.** ＝ I really went.
    ＊この did は go を強調する助動詞。
    ・I do think it's a pity.（本当に残念だと思う）

19. **Why** とともに **should**（驚きを表す）を用いると，「いったいなぜ～」という意味になる。

---

1. **cannot have ＋ p.p.** ＝～したはずがない
    ＊過去の行為を＜ have ＋ p.p. ＞で表し，それに「はずがない（cannot）」という現在の判断を加える。

2. **must have ＋ p.p.** ＝～したにちがいない

---

59. <答> 13. used 14. ought 15. cannot [can't] 16. will 17. shall 18. did
    　　　　19. should
60. <答> 1. cannot [can't], have, written 2. must, have, been

第12章　Auxiliary Verb　助動詞

3. He (　　) (　　) (　　) (　　) so.
   （彼はそう言わなかったかもしれない）
4. You (　　) (　　) (　　) (　　) such a cruel thing.
   （君はそんな残酷なことはすべきでなかったのに）

【Bランク】

5. They ought (　　) (　　) (　　) by this time.
   （彼らは今ごろはもう到着しているはずだ）
6. You (　　) (　　) (　　) (　　) him your money.
   （君は彼に金を貸してやる必要はなかったのに）

7. I meant (　　) (　　) (　　) an engineer.
   （私は技術者になるつもりだったのだが）
8. We (　　) (　　) (　　) met last Sunday.
   （私たちは先週の日曜日に会うことになっていたのだが）

61　次の各文の誤りを訂正しなさい。

【Aランク】

1. ⓐ　He was used to drop in at the bookstore on his way home.
   　　（彼は帰宅の途中で本屋に立ち寄るのが常であった）
   ⓑ　He was used to speak in public.
   　　（彼は公衆の面前で話をすることに慣れていた）
2. You had not better to sit up late.
   （夜ふかしはしない方がよい）
3. He plays tennis every afternoon, and so am I.
   （彼は毎日午後テニスをするが、私もそうだ）

第12章 助動詞 Auxiliary Verb

3. may [might] have ＋ p.p. ＝～したかもしれない

4. should have ＋ p.p. ＝～すべきだったのに〔しなかったのは残念だ〕
   should not have ＋ p.p. ＝～すべきではなかったのに〔したのは残念だ〕

5. ought to have ＋ p.p. ＝～すべきだったのに／～したはずだ

6. need not have ＋ p.p. ＝～する必要はなかったのに〔してしまった〕
   cf. I didn't need to lend him my money.
   （私は彼に金を貸してやる必要はなかった〔ので貸さなかった〕）

7. meant to have ＋ p.p. ＝～するつもりだったのに〔しなかった〕
   ＊had meant［intended］＋ to 不定詞も同じ意味で用いられる。

8. were to have ＋ p.p. ＝～することになっていたのだが〔しなかった〕
   ＊were ＋ to 不定詞も同じ意味で用いられる。

1. 急所 { used to ＋原形＝よく～したものだった…［used to は助動詞］
         be used to ＋～ ing ＝～するのに慣れている…［used は形容詞］

2. ① had better の否定形は，had better not。
   ② had better は助動詞だから，to は不要。
3. So ＋ V ＋ S．（Sもまたそうだ）の形で，Ｖは前出の動詞［助動詞］の形に合わせる。この文では plays（一般動詞）に対する相づちは do（助動詞）である。

60. ＜答＞ 3. may, not, have, said 4. should, not, have, done 5. to, have, arrived 6. need, not, have, lent 7. to, have, become 8. were, to, have
61. ＜答＞ 1. ⓐ was → とる ⓑ speak → speaking 2. had not better to sit → had better not sit 3. am → do

219

第12章 Auxiliary Verb 助動詞

4. I could not but laughing at him.
（私は彼を見て笑わずにはいられなかった）

5. The doctor advised that he took a walk every day.
（医者は彼に毎日散歩するよう忠告した）

6. He needs not get up so early in the morning.
（彼はそんなに朝早く起きる必要はない）

62 次の各組の文の意味がほぼ同じになるように，（　）内に適語を入れなさい。

【A ランク】

1. ⓐ He has good reason to be proud of his college.
　　ⓑ He (　　) well be proud of his college. 暗記

2. ⓐ We were obliged to give up the plan.
　　ⓑ We (　　) not but give up the plan.

3. ⓐ It is impossible that he stole the money.
　　ⓑ He (　　) (　　) (　　) the money.

4. ⓐ I am sure he was in time for the tram.
　　ⓑ He (　　) (　　) (　　) in time for the train.

第12章　助動詞 **A**uxiliary **V**erb

4．cannot but ＋原形＝ cannot help ＋〜ing（〜せざるをえない）

5．advise に続く that 節の動詞は＜should ＋原形＞または原形で表す。

6．need は，肯定文中では動詞として，否定・疑問文中では助動詞として用いる。助動詞には 3 人称単数の s はつかない。
　　cf.　He needs to get up early.
　　　　（彼は早起きする必要がある）＜肯定文中＞

1．「彼が自分の大学を自慢するのももっともだ」
　　*ⓐ の good reason は「十分な理由」の意味。（→ p.177 参照）

　　🔖 急所 〜するのももっとも［当然］だ
　　① may well 〜　② It is { natural / no wonder } that S should 〜
　　③ have good［every］reason to 〜

2．「我々はその計画を断念せざるをえなかった」
　　*〜せざるをえない＝ cannot but ＋原形＝ cannot help 〜ing
　　　　　　　　　　＝ be obliged［forced・compelled］to do

3．「彼がその金を盗んだはずがない」
　　{ It is impossible for S to do. ＝ S が〜するのは不可能だ
　　{ It is impossible that S ＋ V. ＝ S が V することはありえない

4．「彼はきっと列車に間に合ったにちがいない」

61．＜答＞　4．laughing → laugh　5．took → (should) take　6．needs → need
62．＜答＞　1．may　2．could　3．cannot [can't], have, stolen　4．must, have, been

第13章 the Passive Voice 受動態

1 受身文の基本形

(a) He wrote [this novel]. （彼がこの小説を書いた）

(a') [This novel] was written by him. （この小説は彼によって書かれた）

(b) He has planted [these trees]. （彼がこれらの木を植えた）

(b') [These trees] have been planted by him.
（これらの木は彼によって植えられた）

> **解説**
>
> （1） 受身文とは「目的語（O）を主語（S）に変える」文である。
> 〈例〉
> Mary [took] John to the park. → John [was taken] to the park by Mary.
> (S)　(V)　(O)　(△△△)　　　　(S)　(be + p.p.)　(△△△)　(by +①)
> 　①　　　②　　　　　　　　　　　　　②
> （メアリはジョンを公園に連れて行った）
>
> （2） Vが2語以上から成るとき，＜ be + p.p. ＞は次のようになる。
> 　　（have + p.p.）+（be + p.p.） → **have + been + p.p.**（完了形の受身）
> 　　（be +〜ing）+（be + p.p.） → **be + being + p.p.**（進行形の受身）

(c) She [took care of] the baby. （彼女はその赤ん坊の世話をした）
　　(S)　　(V)　　　(O)

(c') The baby [was taken care of] by her. 〔暗記〕
　　（その赤ん坊は彼女に世話された）

> **解説**　(c)では take care of（〜の世話をする）がひとつの動詞として働くため，これを＜ be + p.p. ＞に変えると be taken care of となる。その後に＜ by +人＞がくるため，結果として2つの前置詞（of と by）が並ぶ。

(**d**)　They speak English in Australia.
(**d′**)　English is spoken in Australia ~~by them~~.
　　　（オーストラリアでは英語が話される）

> **解説**　受身文においては，＜by＋人＞は単なる修飾語にすぎず，多くの場合省略される。（d）では They＝「オーストラリアの人々」で，主語のときは省略不可能であるが，（d′）のように by them となれば必ず省略される。

(**e**)　Everybody knows him.　（皆が彼を知っている）
(**e′**)　He is known **to** everybody.　（彼は皆に知られている）

> **解説**　受身文の動作主を by 以外の前置詞で表すことがある。

2　注意すべき受身文

(**a**)　Someone saw him |steal| the bag.
　　　（だれかが彼がかばんを盗むのを見た）
(**a′**)　He was seen |to steal| the bag.　〔暗記〕
　　　（彼はかばんを盗むところを見られた）

> **解説**　p.30 を参照。この型の受身文は次のようにして作る。
>
> **急所**　**原形不定詞と受動態**
>
> $$S + \left\{ \begin{array}{l} \text{知覚動詞（see・hear など）} \\ \text{使役動詞（make）} \end{array} \right\} + O + \boxed{原形不定詞}$$
> 　①　　　　　　　　②　　　　　　　　　　　③　　④
>
> →③ ＋ be ＋ p.p. ＋ |to 不定詞| ＋ by ＋ ①　〔受動態〕
> 　　　　　②　　　　　　④
>
> つまり，「**原形不定詞は受身文になると to 不定詞になる**」といえる。

第13章 the Passive Voice 受動態

63 次の各組の文が同じ内容を表わすように、(　　)内に適語を入れなさい。

【A ランク】

1. ⓐ We must finish the work by noon.
   ⓑ The work (　　) (　　) (　　) by noon.

2. ⓐ A stranger spoke to me in the bus.
   ⓑ I (　　)(　　)(　　)(　　) a stranger in the bus.

3. ⓐ A truck ran over the child.
   ⓑ The child (　　) (　　) (　　) (　　) a truck.

4. ⓐ Who explored the moon first?
   ⓑ (　　) whom (　　) the moon explored first?

5. ⓐ When will they open the store?
   ⓑ When (　　) (　　) (　　) (　　)?

6. ⓐ What did he say?
   ⓑ What (　　) (　　) (　　)?

7. ⓐ Her friends called her Betty.
   ⓑ (　　) (　　) (　　) (　　) by her friends.

8. ⓐ My answer will satisfy the teacher.
   ⓑ The teacher (　　)(　　)(　　)(　　) my answer.

9. ⓐ We saw a stranger enter his house.
   ⓑ A stranger (　　) (　　) (　　) (　　) his house.

10. ⓐ He made me repeat the story.
    ⓑ I (　　) (　　) (　　) (　　) the story by him.

11. ⓐ I'll have him take my photograph.
    ⓑ I'll have (　　) (　　) (　　) (　　) him.

第 13 章　受動態　the Passive Voice

1. ⓐ「その仕事を正午までに終えねばならない」
   ⓑ「その仕事は正午までに終えられねばならない」
       ＊ⓑ では by us が省略されている。
2. ⓑ「私はバスの中で見知らぬ人に話しかけられた」
       ＊speak to（〜に話しかける）が受身文では be spoken to になる。
3. ⓑ「その子どもはトラックにひかれた」
       ＊run over（〜をひく）が受身文では be run over になる。
4. ⓑ「月は誰によって最初に探検されましたか」
       ＊ⓐ の目的語である the moon が ⓑ では主語になり，by whom（誰によって）を用いる。
5. ⓑ「その店はいつ開きますか」
       ＊ⓐ の they は「店の人」を指す便宜的な主語である。
6. ⓑ「何が彼によって言われましたか」
       ＊ⓐ の目的語である what が ⓑ では主語になる。
7. ⓑ「彼女は友人たちによってベティと呼ばれた」
       ＊ⓐ の Betty は補語だから受身文の主語にはなれない。目的語の her が受身文の主語になる。
8. ⓑ「先生は私の答に満足するだろう」
       be satisfied with 〜＝〜に満足する
9. ⓑ「見知らぬ人が彼の家へ入るところが見られた」
       ＊ⓐ の enter（原形不定詞）が受身文では to enter になる。
10. ⓑ「私は彼によってその話を復唱させられた」
       ＊ⓐ の repeat（原形不定詞）が受身文では to repeat になる。
11. ⓑ「彼に写真をとってもらおう」
       ＊have ＋物＋ p.p. ＝ have ＋人＋原形不定詞（〜に〜してもらう）

＜答＞　1．must, be, finished　2．was, spoken, to, by　3．was, run, over, by
　　　　4．By, was　5．will, the, store, be, opened　6．was, said, by, him
　　　　7．She, was, called, Betty　8．will, be, satisfied, with　9．was, seen, to, enter
　　　　10．was, made, to, repeat　11．my, photograph, taken, by

第13章 the Passive Voice 受動態

【B ランク】

12. ⓐ They are pulling down the old building.
    ⓑ The old building is (　　) pulled down.

13. ⓐ They say that John keeps the dog.
    ⓑ (　　) (　　) (　　) that John keeps the dog.
    ⓒ John (　　) (　　) (　　) keep the dog.
    ⓓ The dog (　　) (　　) (　　) (　　) (　　) by John.

14. ⓐ They say that he painted the picture.
    ⓑ He (　　) (　　) (　　) (　　) (　　) the picture.
    ⓒ The picture is said (　　) (　　) (　　) (　　) by him.

15. ⓐ Nobody knew his name.
    ⓑ His name (　　) (　　) (　　) (　　) (　　).

第 13 章　受動態　the **P**assive **V**oice

12. ⓑ「その古い建物は取り壊されているところだ」
　　＊**進行形の受動態** = be + being + p.p.

13. ⓐ ⓑ ⓒ「ジョンがその犬を飼っているそうだ」
　　　　ⓓ「その犬はジョンに飼われているそうだ」
　　＊They say that S + V. = It is said that S + V. = S is said + to 不定詞

14. ⓐ ⓑ「彼がその絵を描いたそうだ」
　　ⓒ「その絵は彼によって描かれたそうだ」
　　＊時制のずれを完了不定詞＜ to have + p.p. ＞で表す。(p.31 参照)

15. ⓑ「彼の名前は誰にも知られていなかった」
　　＊His name was known to nobody. は誤り。「**否定語はなるべく前に置く**」という英語の一般原則に反する。

<答>　12. being　13. It, is, said / is, said, to / is, said, to, be, kept　14. is, said, to, have, painted / to, have, been, painted　15. was, not, known, to, anybody

第13章 the Passive Voice 受動態

64 次の各文の（　）内に入れるのに適当な語句を下から選びなさい。

【A ランク】

1. He is ill (　　) his neighbors.
   ア．spoken　イ．spoken of　ウ．spoken by　エ．spoken of by
2. We (　　) a shower and got wet to the skin.
   ア．caught　イ．were caught　ウ．were caught by
   エ．were caught in
3. We were (　　) at his absence.
   ア．disappoint　イ．disappointing　ウ．disappointed
   エ．disappointment
4. She was heard (　　) for help.
   ア．cry　イ．to cry　ウ．of crying　エ．to crying
5. She (　　) stay indoors by her father.
   ア．made to　イ．made to be　ウ．was made to
   エ．was making to

65 次の各文に誤りがあれば訂正し，なければ番号に○をつけなさい。

【A ランク】

1. I am interesting in history.
   （私は歴史に興味がある）

2. What is called this flower in English?
   （この花は英語では何と呼ばれていますか）

3. He was laughed by everybody present.
   （彼は居合わせたみんなに笑われた）

4. I was stolen my bag by him.
   （私は彼にかばんを盗まれた）

第 13 章　受動態　the Passive Voice

1.「彼は隣人たちによって悪口を言われている」
　　＊能動文は His neighbors speak ill of him. で，受身文では慣用上 ill を前に置く。

2.「我々はにわか雨にあってずぶぬれになった」
　　＊ **be caught in** ～＝～にあう。to the skin は「皮膚まで」が原意。

3.「我々は彼の不在にがっかりした」
　　＊「我々は～に失望させられた」が原意。

4.「彼女が助けを求めて叫ぶのが聞かれた」
　　＊能動文は I heard her cry for help.

5.「彼女は父親によって家から出ないようにさせられた」
　　＊能動文は Her father made her stay indoors.

---

1. interest（＜人＞に興味を起こさせる）という動詞からは, excite などと同様に，①物 is interesting（面白い），②人 is interested（興味がある）の2つの形容詞ができる。(p.45, p.162参照)

2. 一般に，動詞部分が2語以上（V_1＋V_2＋V_3…）から成るとき，
　　①否定文→S＋ $\boxed{V_1}$ ＋not＋V_2＋V_3…　　［V_1 の後に not を置く］
　　②疑問文→ $\boxed{V_1}$ ＋S＋V_2＋V_3…　　　　［V_1 と S を倒置する］
のようにして作る。この文では，is called が動詞（V_1＋V_2）だから，疑問文は S (this flower) と V_1 (is) を倒置して作る。

3. 能動文は Everybody present laughed at him. で，laugh at がひとかたまりの動詞だから，受身文では be laughed at となる。

4. 能動態に直すと，He stole me my bag. となる。しかしこの文は誤り（steal は SVOO の形では使えない）だから，元の受動態も成り立たない。「自分の持ち物を～される」は，＜have＋物＋ p.p. ＞で表すことが多い。この形を「間接受動態」と言う。

64＜答＞　1. エ　2. エ　3. ウ　4. イ　5. ウ
65＜答＞　1. interesting → interested　2. is called this flower → is this flower called
　　　　　3. laughed → laughed at　4.（正しい文）I had my bag stolen by him.　暗記

the Passive Voice 受動態

【B ランク】

5. Kyoto is worth to be visited.
   （京都は訪れてみる価値がある）

6. This book is sold well these days.
   （この本は最近よく売れる）

7. He was burnt down his house in the late fire.
   （彼はこの間の火事で家を焼かれた）

8. I was remembered my childhood by his story.
   （彼の話で私は子供の頃のことを思い出した）

9. He is well known by the people by his noble acts.
   （彼はその上品な行いで人々によく知られている）

10. The meeting will be taken place tomorrow.
    （会合は明日開かれるだろう）

第 13 章　受動態　the Passive Voice

5. worth -ing の -ing（動名詞）には，受身の意味が含まれており，＜ worth being ＋ p.p.＞とはしない。＜ worth ＋ to 不定詞＞の形はない。
　（類例）　These shoes want washing.（＝ need to be washed）
6. This book sells well. が慣用。sell に受身の意味が含まれている。
　　cf.　My razor cuts well.（私のかみそりはよく切れる）
7. He was burnt down だと「彼が焼かれた」ことになる。焼かれたのは「彼」ではなく「彼の家」なのだから，His house was burnt down. なら正しい。この文の主述関係を O と C に埋めこんだ間接受動態を作れば，He を主語にして表現できる。

> **急所** 間接受動態の頻出例文
> ① **I had my purse stolen.**　（私はさいふを盗まれた）
> ② **He had his house burnt down in the fire.**
> 　（彼はその火事で家を焼かれた）
> ③ **I had my hat blown off by the wind.**
> 　（私は風に帽子を飛ばされた）

8. His story reminded me of ~. から目的語の me を主語にした受身文（I was reminded of ~）ができる。I was remembered ~ では「私が思い出された」になってしまう。
9. be known to ＋人＋ for ＋事柄（~で~に知られる）
10. take place ＝「行われる」だから，受動態にはしない。

＜答＞　5．to be visited → visiting　6．is sold → sells　7．（正しい文）He had his house burnt down in the late fire.　8．remembered → reminded of　9．by the people by his ~ → to the people for his ~　10．be taken place → take place

第14章 Subjunctive 仮定法

1 If を用いる仮定法とその変形（仮定法の基本形）

（a） If it **were** fine, I **would go** fishing.
　　（もし今晴れているなら，釣りに行くのだが）

（b） If it **had been** fine, I **would have gone** fishing.
　　（もしあの時晴れていたなら，釣りに行ったのだが）

解説　仮定法の基本形

（a）　**仮定法過去**（＝現在の事実の反対を仮定する）

$$\text{If } S + V \text{（過去形）}, S + \begin{Bmatrix} \text{would, should} \\ \text{could, might} \end{Bmatrix} + \text{動詞の原形}$$

（b）　**仮定法過去完了**（＝過去の事実の反対を仮定する）

$$\text{If } S + V \text{（過去完了形）}, S + \begin{Bmatrix} \text{would, should} \\ \text{could, might} \end{Bmatrix} + \text{have} + \text{p.p.}$$

((参考))　次の仮定法現在もよく出題される（仮定法現在とはすべての人称主語に対して動詞の原形を用いる形をいう）。

解説　仮定法現在（常に動詞の原形を用いる）

① 必要・願望を表す文の **that** 節中

$$\text{It is} \begin{Bmatrix} \text{necessary（必要だ）} \\ \text{important（重要だ）} \\ \text{desirable（望ましい）} \end{Bmatrix} \text{など that } S + \begin{Bmatrix} \text{should ＋動詞} \\ \text{の原形＜英＞} \\ \text{動詞の原形＜米＞} \end{Bmatrix}$$

cf. **strange, natural** など感情・判断を表す文の that 節中では，should ＋動詞の原形または直説法を用いる。

② 要求・提案などを表す文の **that** 節中（→ p.23参照）

$$S + \begin{Bmatrix} \text{demand （要求する）} \\ \text{insist （強く言い張る）} \\ \text{suggest （提案する）} \\ \text{advise （忠告する）など} \end{Bmatrix} \text{that } S + \begin{Bmatrix} \text{should ＋動詞の原形＜英＞} \\ \text{動詞の原形＜米＞} \end{Bmatrix}$$

（c）　**If it were not for** water, we could not live. 〔暗記〕
　＝　**Were it not for** water, we could not live.
　＝　**But for**〔**Without**〕water, we could not live.
　　　（もし水がなければ，我々は生きられないだろう）

（d）　**If it had not been for** your help, I could not have succeeded.
　＝　**Had it not been for** your help, I could not have succeeded. 〔暗記〕
　＝　**But for**〔**Without**〕your help, I could not have succeeded.
　　　（もし君の助けがなかったら，私は成功できなかったろう）

〔解説〕**If** の省略に伴う文頭の〈V＋S〉という倒置に注意。

2　I wish などとともに用いる仮定法

（a）　**I wish I were** rich.〔＝ I'm sorry I'm not rich.〕
　　　（（今）金持ちならいいのに）

（a′）　**I wish I had been** rich.〔＝ I'm sorry I was not rich.〕
　　　（（あの時）金持ちならよかったのに）

（b）　He looks **as if** he **were** ill. 〔暗記〕
　　　（彼はまるで病気のような顔つきをしている）

（b′）　He looks **as if** he **had seen** a ghost or something.
　　　（彼はまるで幽霊か何かを見てきたような顔つきをしている）

（c）　**It is**（**high**）**time** you **went** to bed. 〔暗記〕
　　　（もう寝る時間ですよ）

〔解説〕上の例はいずれも現在〔または過去〕の事実の反対を暗示している。

第14章 Subjunctive 仮定法

66 次の各組の文の表わす内容が同じになるように，(　) 内に適語を入れなさい。

【A ランク】

1. ⓐ As I don't know her address, I cannot write to her.
   ⓑ If I (　　) her address, I (　　) (　　) to her.

2. ⓐ I don't have enough time, so I can't talk with you.
   ⓑ If I (　　) enough time, I (　　) (　　) with you.

3. ⓐ As he didn't tell me the truth, I didn't forgive him.
   ⓑ If he (　　) (　　) me the truth, I (　　) (　　)
   (　　) him.

4. ⓐ She was busy, so that she did not go shopping.
   ⓑ If she (　　) (　　) (　　) busy, she (　　) (　　)
   (　　) shopping.

5. ⓐ Without his family, he would not work so hard.
   ⓑ If it (　　) (　　) (　　) his family, he would not work so hard.
   ⓒ (　　) it not (　　) his family, he would not work so hard.
   ⓓ (　　) (　　) his family, he would not work so hard.

6. ⓐ I am sorry I was not with you at that time.
   ⓑ I (　　) I (　　) (　　) with you at that time.

第14章　仮定法　**Subjunctive**

1. ⓐ「私は彼女の住所を知らないので，彼女に手紙が書けない」　〔現在の事実〕
　　ⓑ「もし私が彼女の住所を知っていれば，彼女に手紙を書くことができるのに」
　　　　　　　　　　　　　　　　　　　　　　　　　　　　　　　〔仮定法過去〕

2. ⓑ「もし私に十分時間があれば，君と話すことができるのに」　〔仮定法過去〕

3. ⓐ「彼は私に真実を語ってくれなかったので，私は彼を許さなかった」
　　　　　　　　　　　　　　　　　　　　　　　　　　　　　　　〔過去の事実〕
　　ⓑ「もし彼が私に真実を語ってくれたなら，私は彼を許しただろうに」
　　　　　　　　　　　　　　　　　　　　　　　　　　　　　　〔仮定法過去完了〕

4. ⓑ「もし彼女が忙しくなかったら，買物に行っただろうに」　〔仮定法過去完了〕

5.「もし彼に家族がなかったら，彼はあんなに熱心に働かないだろうに」
　　　　　　　　　　　　　　　　　　　　　　　　　　　　　　　〔仮定法過去〕

6. ⓐ「私はあの時君といっしょにいなかったのが残念だ」　〔過去の事実〕
　　ⓑ「私はあの時君といっしょにいればよかったなあ」　〔仮定法過去完了〕

<答>　1．knew, could, write　2．had, could, talk　3．had, told, would, have, forgiven
　　　4．had, not, been, would [could], have, gone　5．were, not, for / Were, for / But,
　　　for　6．wish, had, been

第14章 Subjunctive 仮定法

【Bランク】

7. ⓐ Thanks to your advice, I could solve the problem.
   ⓑ (　　) it not (　　) (　　) your advice, I could (　　) (　　) solved the problem.

8. ⓐ Tom's illness prevented him from attending the meeting.
   ⓑ If (　　) (　　) not (　　) (　　), he (　　) (　　) (　　) the meeting.

9. ⓐ He died because he did not take this medicine.
   ⓑ If he (　　) (　　) this medicine, he (　　) (　　) alive now.

10. ⓐ As his father was killed in the accident, he is not happy now.
    ⓑ If his father (　　) (　　) (　　) killed in the accident, he (　　) (　　) happy now.

11. ⓐ If I (　　) (　　) (　　) busy, I could have gone to the airport.
    ⓑ I was busy. (　　), I could have gone to the airport.

67 次の各文の（　）内に適語を入れて，下の日本文に相当する英文を完成しなさい。

【Aランク】

1. What shall I do (　　) (　　) (　　) rain?
   （万一雨が降ったらどうしよう）

2. If you (　　) to die tomorrow, what would you do?
   （もし明日死ぬようなことになれば何をしますか）

7. ⓐ「君の助言のおかげで，私はその問題を解くことができた」　〔過去の事実〕
　　ⓑ「もし君の助言がなかったら，私はその問題を解けなかったろうに」
〔仮定法過去完了〕

8. ⓑ「もしトムが病気でなかったら，会合に出席できたのに」
〔仮定法過去完了〕

9. ⓐ「彼はこの薬を飲まなかったので死んだ」〔過去の事実〕
　　ⓑ「もし彼がこの薬を飲んでいたなら，今生きているだろうに」
〔仮定法過去完了＋仮定法過去〕
　　＊ⓑの文では，「飲まなかった（**過去の事実**）ので今死んでいる（**現在の事実**）」という**時制のずれ**がある点に注意。

10. ⓑ「もし彼の父が事故で死んでいなければ，彼は今幸福だろうに」
〔仮定法過去完了＋仮定法過去〕

11. ⓑ「私は忙しかった。さもなければ（＝ otherwise）空港へ行けたのに」

---

1. **if 節中の should** は「万一」の意（低い可能性）。「事実の反対」ではないから，主節の動詞は仮定法過去（should）にはならないのが普通。
2. **if 節中の were to** ～は should よりもさらに低い可能性を意味し，「**まず実現しそうにない仮定**」を表す。主節は助動詞の過去形を用いる。

66　<答>　7. Had, been, for, not, have　8. Tom, had, been, ill, could [would], have, attended　9. had, taken, would, be　10. had, not, been, would, be
11. had, not, been / Otherwise
67　<答>　1. if, it, should　2. were

第14章 Subjunctive 仮定法

3. If I ( ) ( ) my work yesterday, I ( ) ( ) free now.
   （もし昨日仕事を終えておけば、今ごろは暇になっているのに）

4. ( ) a little more care, he ( ) ( ) ( ) ( ) such a foolish mistake.
   （もう少し注意しておけば彼はそんなばかな間違いはしなかっただろう）

5. A man of sense ( ) ( ) ( ) ( ) such a thing.
   （分別のある人ならそんなことはしなかったろう）

6. ( ) ( ) ( ) you were ill, I'd have called to see you.
   （ご病気だと知っておればお見舞いに行きましたのに）

7. We insisted that he ( ).
   （我々は彼にどうしても来てもらいたいと言った）

8. I ( ) I ( ) ( ) with you.
   （君といっしょに行ければよいのだが）

9. I ( ) I ( ) ( ) ( ) my time when young.
   （私は若い頃、時間を無駄にしなければよかったのだが）

10. He talked ( ) ( ) ( ) ( ) everything.
    （彼はまるで何でも知っているかのように話した）

11. He speaks ( ) ( ) he ( ) ( ) ( ) her.
    （彼はまるで彼女に会ったことがないかのような口ぶりだ）

12. It is about time these old things ( ) ( ) away with.
    （こんな古い物はもう片づけてもいい時期だ）

第14章 仮定法 Subjunctive

3． If 節は「過去の事実」に，主節は「現在の事実」に言及している。

4．with は「もし～があれば」の意味で用いる（without の反対語）。

5． 主語に仮定が含まれており，次のように言い換えられる。
　　　If he <u>had been</u> a man of sense, he <u>would not have done</u> ～ .

6． If <u>I had known</u> から If を省略し，＜V＋S＞の形にしたもの。

7．insist に続く that 節中の動詞は，＜（should ＋）原形＞で表す。

8．I wish ＋仮定法（～ならよいのに）

9．「過去の事実」に言及しているので，I wish ＋仮定法過去完了。

10．as if［though］＋仮定法（まるで～かのように）

　　＊＜ S₁ ＋ V₁ ｜as if｜ S₂ ＋ V₂．＞において，V₁・V₂ の時制は次のようになる。

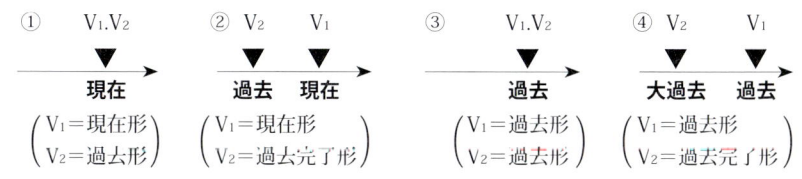

　① V₁．V₂ → 現在　（V₁＝現在形／V₂＝過去形）
　② V₂　V₁ → 過去　現在　（V₁＝現在形／V₂＝過去完了形）
　③ V₁．V₂ → 過去　（V₁＝過去形／V₂＝過去形）
　④ V₂　V₁ → 大過去　過去　（V₁＝過去形／V₂＝過去完了形）

　　10．の文は③のタイプに当たる。つまり，②④のように「事実」の上で V₁ と V₂ の時制にずれがある場合にのみ V₂ は仮定法過去完了形になる。

11．as if の節中の動詞は現在完了（has seen）の仮定法過去。

12．It is time ＋仮定法過去（もう～してよいころだ）

＜答＞　3．had, finished, would, be　4．With, would, not, have, made　5．would, not, have, done　6．Had, I, known　7．come　8．wish, could, go　9．wish, had, not, wasted　10．as, if, he, knew　11．as, if, had, never, seen　12．were, done

Narration

第15章 話法

> **解説** 直接話法（" "を用いる）を**間接話法**（that 節・疑問詞［if］節・to 不定詞を用いる）に変換するプロセスは，大きく次の4つに分かれる。
>
> ① **伝達動詞の選定**（多くの場合 say・tell・ask）
> ② **人称代名詞の転換**（話者を基準とする）
> ③ **時制の一致**（伝達動詞の時制を基準とする）
> ④ **副詞などの転換**（現時点を基準とする）
>
> 以下，最初に②・③について考えてみよう。

（a） John always says, "I'm busy."　　［直接話法］
（a′） John always says that he is busy.　　［間接話法］
　　　　　　　　　　　　　　② ③
　　　（ジョンはいつも「僕は忙しい」と言う）

（b） John said, "I'm busy."
（b′） John said that he was busy.
　　　　　　　　② ③
　　　（ジョンは「僕は忙しい」と言った）

> **解説**　（a）→（a′）において，I'm busy. の **I** は話者を基準にして考えれば **he** になる。それに伴い am → is となる。（b）→（b′）ではこの **is** がさらに伝達動詞（said）の時制により **was** となる（③）。
>
> 次に，①について考えてみよう。

（c） He always **says** to me, "I'm busy."
（c′） He always **tells** me that he is busy.
　　　　（彼はいつも私に「僕は忙しい」と言う）
（d） He often **says** to me, "Hurry up."
（d′） He often **tells** me to hurry up.
　　　　（彼はよく私に「急げ」と言う）

(　e　) He always **says** to me, "Are you free?"
(　e′) He always **asks** me if I am free.
　　　　（彼はいつも私に「暇かい」とたずねる）
(　f　) He often **says** to me, "Hurry up, please."
(　f′) He often **asks** me to hurry up.
　　　　（彼はよく私に「急いでください」とたのむ）

> **解説**　（a）～（f）の5つの型をまとめて示すと、下表のようになる。
>
> | 直接話法 | 間接話法 | |
> |---|---|---|
> | （a）（b）
say, " 　　 " | （a′）（b′）
say ＋ that 節 | （平叙文）|
> | （c）（d）（e）（f）
say to ＋人 " 　　 " | （c′） **tell** ＋人＋ that 節 | （平叙文）|
> | | （d′） **tell** ＋人＋ to 不定詞 | （命令文）|
> | | （e′） **ask** ＋人＋ if ［または疑問詞］節 | （疑問文）|
> | | （f′） **ask** ＋人＋ to 不定詞 | （依頼文）|
>
> 最後に、④について例を挙げる。

(　g　) He said to me, "I met her yesterday."
(　g′) He told me that he had met her the previous day.
　　　　　 ①　　　　　　②　　③　　　　　④
　　　　（彼は「きのう彼女に会ったよ」と私に言った）

> **解説**　（g）の **yesterday** は、「現時点」を基準にすれば、「（彼の言った）前日」である。そこで（g′）では **the previous day**（その前日）に変える。この変換をまとめてみよう。

第15章 Narration 話法

	直接話法	間接話法
指示	this [these]	that [those]
場所	here	there
時	now	then
	today	that day
	tomorrow	the following day, the next day
	next week	the following week, the next week
	yesterday	the previous day, the day before
	last night	the previous night, the night before
	ago	before

((参考)) この変換は必ずしも機械的に行われるわけではない。

〈例〉（h）This morning he said, "I heard the news yesterday."
　　　（h′）This morning he said that he（had）heard the news yesterday.
　　　　　（けさ彼は「きのうその知らせを聞いた」と言った）

この＜例＞では，（h）の yesterday を（h′）で the previous day に換える必要はない。the previous day ＝ yesterday だからである。

第15章　話　法　**N**arration

第15章 Narration 話法

68 次の各組の2文の表わす内容が同じになるように、（　）内に適語を入れなさい。

【Aランク】

1. ⓐ He said, "I was busy yesterday."
   ⓑ He said that (　) (　) (　) busy the (　) day.

2. ⓐ She said to him, "You are honest."
   ⓑ She (　) him that (　) (　) honest.

3. ⓐ He said to me, "Where are you going?"
   ⓑ He (　) me where (　) (　) going.

4. ⓐ He said to me, "Have you ever been to Europe?"
   ⓑ He (　) me (　) (　) (　) ever been to Europe.

5. ⓐ Tom said to me, "I know your father."
   ⓑ Tom (　) (　) that (　) (　) (　) father.

6. ⓐ He said to me, "I will leave here tomorrow."
   ⓑ He (　) (　) that (　) (　) (　) (　) (　) (　) day.

7. ⓐ He said, "I graduated from Harvard five years ago."
   ⓑ He (　) that (　) (　) (　) from Harvard five years (　).

第15章 話法 Narration

1. ⓐ「彼は『きのうは忙しかった』と言った」

*ⓐ の I は彼を指す。was と yesterday の変化については下図を参照。

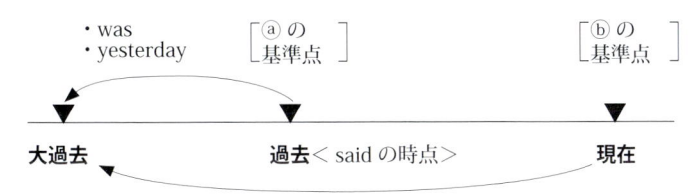

- was
- yesterday

[ⓐ の基準点]　　　　　　　　　　[ⓑ の基準点]

大過去　　　　　過去＜said の時点＞　　　　現在

- had been（過去のさらに過去）
- the previous day（「その前日」）

2. ⓐ「彼女は彼に『あなたは正直ね』と言った」

*ⓑ の伝達動詞は tell を用いる。She said to him that 〜ではない。

3. ⓐ「彼は私に『どこへ行くのですか』と言った」

*疑問文の伝達動詞は ask。ⓑ は間接疑問文で＜where ＋ S ＋ V＞。

4. ⓐ「彼は私に『君はヨーロッパへ行ったことがありますか』と言った」

*疑問詞のない疑問文は，＜ask ＋人＋ if［whether］ S ＋ V＞となる。

5. ⓐ「トムは私に『僕は君のお父さんを知ってるよ』と言った」

6. ⓐ「彼は私に『私は明日ここを発ちます』と言った」

*here → there, tomorrow → the next day と変える。もっとも，現在話をしている場所が here と同じ場所であり，話者のこの発言が彼の発言と同日に行われたものであれば，理屈の上では here も tomorrow もそのまま ⓑ で用いてよいわけであるが，話法の問題では特に明示のない限りその可能性は考えなくてよい。

7. ⓐ「彼は『私は5年前ハーバード大学を卒業した』と言った」

*間接話法の動詞は say。現在を基準にして「〜前」と言うときは〜 ago だが，過去が基準となり「その〜前」となると〜 before。

<答>　1. he, had, been, previous　2. told, he, was　3. asked, I, was　4. asked, if, I, had　5. told, me, he, knew, my　6. told, me, he, would, leave, there, the, next［following］　7. said, he, had, graduated, before

8. ⓐ He said to me, "Will you call on me next Sunday?"
   ⓑ He (　　　) (　　　) (　　　) call on (　　　) (　　　) (　　　) Sunday.

9. ⓐ She said to me, "What did you tell him?"
   ⓑ She (　　　) me (　　　) (　　　) (　　　) (　　　) him.

10. ⓐ He said to me, "Do you know my address?"
    ⓑ He (　　　) me (　　　) (　　　) (　　　) (　　　) address. 暗記

11. ⓐ He said to me, "Don't talk nonsense."
    ⓑ He (　　　) me (　　　) (　　　) (　　　) nonsense.

第15章 話 法 **Narration**

8. ⓐ「彼は私に『今度の日曜日に訪ねて来てくれますか』と言った」
  ＊これは疑問文でなく「依頼文」であるから，＜ ask ＋人＋ to do ＞の形を用いる。

9. ⓐ「彼女は私に『彼に何を言ったの』と言った」

10. ⓐ「彼は私に『僕の住所を知ってるかい』と言った」

11. ⓐ「彼は私に『ばかなことを言うな』と言った」
  ＊命令文の伝達動詞は tell。不定詞（to talk）の否定形は not to talk。

<答> 8．asked, me, to, him, the, next 9．asked, what, I, had, told 10．asked, if, I, knew, his 11．told, not, to, talk

第16章 Noun/Article 名詞・冠詞

1 単数・複数に注意すべき名詞

《baggage 型》
- (a) ○ All the **baggage** was put in the car.
  - × All the baggages were put in the car.
  - (荷物はすべて車に積まれた)
- (a') ○ They bought two pieces of **furniture**.
  - × They bought two furnitures.
  - (彼らは家具を2点買った)

> **解説** 日本語の感覚では「荷物」は一つ二つと数えられるものであるが，英語の **baggage は不可算で s はつかない**。動詞は単数で受ける。この型の不可算名詞（集合名詞または物質名詞）の数を表したいときは，たとえば **piece** という可算名詞を前につけて，**piece** の方を複数形（pieces）にする。
>
> ・a piece of ＋ baggage・furniture・advice・news など
> ・a sheet of ＋ paper　・a cake of ＋ soap
> ・a loaf [slice] of ＋ bread　・a lump of ＋ sugar（角砂糖）

《glasses 型》
- (b) ○ I have two pairs of **glasses**.
  - × I have two pairs of glass.
  - (私はめがねを2つ持っている)

> **解説** 2個のもの (glass) がセットになって1つの個体 (glasses) となる場合，1つの「めがね」を表す名詞 (glasses) は常に複数形になる。この型の名詞は a pair of で数える。
>
> ・a pair of ― glasses・trousers・scissors・shoes
> 　　　　　　　（めがね）（ズボン）（はさみ）　（靴）

第16章　名詞・冠詞　**N**oun/Article

《news と means》
- （c）○　I have heard <u>a piece of good news</u>.
  - ×　I have heard <u>a good news</u>.
  - （私はよい知らせをひとつ聞いた）
- （d）○　There is <u>a means</u> of helping him.〔means は可算名詞〕
  - ×　There is <u>a piece of means</u> of helping him.
  - （彼を助ける方法がひとつある）

> **解説**　news や means の s は複数形の s ではない。news は不可算だから a news とは言えないが，a means（ひとつの手段）は可。参考までに，常に（あるいはしばしば）複数で用いる主な名詞を挙げておく。
> ・**goods**（商品），**suburbs**（郊外），**circumstances**（環境），**clothes**（衣服），**resources**（資源），**authorities**（当局），**manners**（行儀），**necessities**（必需品）

《the police など》
- （e）○　**The police** <u>are</u> after the criminal.
  - ×　The police <u>is</u> after the criminal.
  - （警官隊は犯人を追っている）
- （f）○　**The rich** <u>are</u> not always happy.
  - ×　The rich <u>is</u> not always happy.
  - （金持ちがいつも幸福だとは限らない）

> **解説**　（e）の police（集合名詞）は形の上では単数であるが，動詞は複数で受ける。（f）では <u>the rich ＝ rich people</u> だから，動詞は複数で受ける。

《相互複数》
- （g）○　I **made friends with** an American girl.
  - ×　I <u>made friend with</u> an American girl.
  - （私はアメリカの女の子と仲良くなった）

> **解説**　「仲良くなる」ためには 2 人の人間が必要であり，必ず <u>make friends with</u> という複数の形になる。

第16章 Noun / Article 名詞・冠詞

2 抽象名詞を用いた書き換え

(a) He is confident that he will finally succeed.
(a′) He is confident of **his final success**.
　　（彼は最後には成功することを確信している）
(b) The fact showed that he was seriously ill.
(b′) The fact showed **his serious illness**.
　　（その事実は彼が重病であることを示していた）

解説

急所　抽象名詞を含む句→節の書き換え

(a)　接続詞　＋　S　＋　副詞　＋　動詞
　　　↓　　　　　↓　　　　↓　　　　↓
(a′)（前置詞）　所有格　　形容詞　　**抽象名詞**

(b)　接続詞　＋　S　＋　be　＋　副詞　＋　形容詞
　　　↓　　　　　↓　　　↓　　　↓　　　　↓
(b′)（前置詞）　所有格　　×　　形容詞　　**抽象名詞**

(a) では動詞 (succeed) を抽象名詞 (success) に変える。すると，succeed を修飾していた副詞 (finally) は自動的に success を修飾する形容詞 (final) に変わる。

一方 (b) では be ill（病気である）を名詞にすると，illness（病気）になる。これにともない，ill を修飾していた副詞 (seriously) は自動的に illness を修飾する形容詞 (serious) に変わる。

((参考)) 動詞や形容詞の中には，come のように抽象名詞形を持たないものがある。これらを含む文について節→句の変形を行いたいときは，(a) の動詞や (b) の be を動名詞 (〜ing) に変えることにより処理する。(→ p.62 参照)

第16章 名詞・冠詞 **Noun/Article**

3 注意すべき冠詞の用法

《**a friend of mine** 型（冠詞相当語の重複）》

（**a**）　○　I met **a friend of mine** at the station.

　　　　×　I met a my friend at the station.

　　　　（私は駅で友人の１人に会った）

解説　a, an, the は純粋な冠詞であるが，これらの他に所有格（my, your, his…）や this, that など冠詞の代わりに用いられる語がある。そこで，a my friend という形は，a と my という２つの冠詞（相当語）が重複して，不自然な感じを受ける。そこで my を of mine として後置する。

急所　所有格の後置（重複する冠詞相当語の処理）

a ［an］, the
some, any, no
this ［these］, that ［those］
数詞（one, two...）
｝＋名詞＋ **of** ＋所有代名詞（mine, yours...）

《**seize me by the arm** 型》

（**b**）　○　He seized me by **the** arm.　暗記

　　　　×　He seized me by my arm.

　　　　（彼は私の腕をつかんだ）

解説　seize（つかむ）という動作の対象となる「人」をまず明示して，その後，身体のどの部分かを追加説明している。by the arm の arm は「身体器官としての（抽象的な）腕の部分」を示しているので，my で限定することはできない。

《**by car** 型》

（**c**）　○　I will go there **by car**.

　　　　×　I will go there by my car.

　　　　（私はそこへ車で行くつもりだ）

解説　（c）の car は「車という交通手段」を表す抽象的な名詞であり，無冠詞で表現する。

251

第16章 Noun / Article 名詞・冠詞

69 次の中から，英語の表現として正しいものを3つ選びなさい。

【Aランク】

1. a good news
2. a beautiful sight
3. an important information
4. a cold milk
5. a good weather
6. a shocking experience
7. a bad furniture
8. a dangerous sports
9. a difficult language
10. a good advice

70 次の各文に誤りがあれば訂正しなさい。なければ番号に○をつけなさい。

【Aランク】

1. There were much audience in the hall.
 （ホールには多くの聴衆がいた）

2. The American are one of the English-speaking peoples.
 （アメリカ人は英語を話す国民のひとつです）

3. He wears a glasses.
 （彼はめがねをかけている）

4. Where is my shoes?
 （私のくつはどこへいったのか）

5. I have one hundreds dollar with me.
 （100ドル持ち合せがある）

6. I bought two dozens pencils.
 （私は鉛筆を2ダース買った）

第16章　名詞・冠詞 **Noun/Article**

> 急所 **誤りやすい不可算名詞**
>
> ・**news**（知らせ）　・**information**（情報）　・**advice**（忠告）
> ・**furniture**（家具）　・**baggage**（荷物）　・**weather**（天気）
>
> これらの名詞には a はつかず，複数形にもできない。
>
> 2. の sight，6. の experience，9. の language は可算名詞である。8. は a dangerous sport（危険なスポーツ）なら正しい。

1. **audience**（聴衆）は集合名詞であり，集合的にとらえるときは単数扱い。
   cf. The audience were mostly young people.（聴衆の大部分は若者だった）
   〔構成単位を個々にとらえるときは複数扱い〕
2. 「アメリカ人（一般）」は **the Americans**。「日本人（一般）」は **the Japanese**（Japanese は単複同形のため）で，複数扱い。「**国民**」「**民族**」の意味のとき，**people** は可算名詞（a people, peoples）となる。
3. glasses は個体としては1つでも形は複数形（glass + es）だから，a はつかない。
4. shoes ＝ shoe + s（複数形）だから，動詞は is でなく are で受ける。
5. **hundred, thousand, million などはふつう s をつけない**。dollar には，s がつく。
6. dozen も 5. と同じくふつう複数形にならない。

69＜答＞　2, 6, 9
70＜答＞　1．There were much ～ → There was a large ～　2．American → Americans
　　　　　3．a → とる　4．is → are　5．hundreds dollar → hundred dollars
　　　　　6．dozens → dozen

第16章 Noun / Article 名詞・冠詞

7. Hundred of people were killed in the accident.
   （何百人もの人々がその事故で死んだ）

8. The fire caused many damages.　（その火事で多くの被害があった）

9. The girl was married in her teen.
   （その女の子は10代で結婚した）

10. Change train at the next station.
    （次の駅で乗りかえなさい）

11. I am on visiting term with him.
    （私は彼とはお互いに訪問しあう間柄だ）

12. At that time he was only a three-years-old boy.
    （当時彼はほんの3歳の子どもだった）

13. Thank you for your many kindnesses.
    （いろいろとご親切にしていただいてありがとう）

14. His movement when he walks is light like a dancer.
    （彼の歩き方はダンサーのようだ）

15. The number of cars have increased rapidly.　（車は急増している）

16. I spent my summer holidays at my uncle.
    （私はおじの家で夏休みを過ごした）

17. A few minute's walk brought him to the park.
    （2，3分歩いて彼は公園へ来た）

7．5．6 に対して，次の形（概数表現）のときは hundred などに s がつく。

急所 概数の表現

$\left.\begin{array}{c}\text{dozens}\\ \text{scores}\end{array}\right\}$ of ～　　hundreds of ～　　thousands of ～　　millions of ～

　　（何十もの～）　　（何百もの～）　　（何千もの～）　　（何百万もの）

8． damage は不可算だから s はつかず many で修飾することもできない。

9． in one's teens〔twenties〕＝十代〔二十代〕のとき
　　cf. **in 1980s**（1980 年代に）

10．11． 急所 **相互複数**
　　① **on good〔speaking・visiting〕terms with ～**
　　　　（～と親しい〔話をする・家を訪ねあう〕間柄で）
　　② **change trains**（列車を乗り換える）
　　③ **shake hands with ～**（～と握手する）
　　④ **make friends with ～**（～と仲良くなる）

12．three-year-old boy（3歳の男の子）　＊years としないこと。

13． kindness は，ここでは「親切な行為」という意味で普通名詞化している。

14．「彼の動き」と「ダンサーの動き」とを比較するのだから，<u>a dancer's</u>（movement）または <u>that of a dancer</u> とする。

15． 主語は「（車の）<u>数</u>」で，number は単数で受ける。

16．「おじの家で」は at my uncle's house で，一般に所有格の後の「家」「店」などは省略することが多い。go to the barber's〔doctor's〕（散髪屋〔医者〕に行く）など。

17．「<u>2，3分</u>の徒歩が彼を公園へつれて来た」で，minutes に所有格の 's をつけた，～ minutes's から（s が重なるので）最後の s を省略し，**minutes'** と書く。
　　（類例）　after ten years' interval（10年ぶりに）

＜答＞　7．Hundred → Hundreds　8．many damages → much damage　9．teen → teens　10．train → trains　11．terrn → terms　12．three-years-old → three-year-old　13．○　14．a dancer → a dancer's または that of a dancer　15．have → has　16．uncle → uncle's　17．minute's → minutes'

第16章 Noun / Article 名詞・冠詞

71 次の各組の文の意味がほぼ同じになるように, (　) 内に適語を入れなさい。

【Aランク】

1. ⓐ When his father died suddenly, he gave up school.
   ⓑ On his father's (　　) (　　) he gave up school.
2. ⓐ As he failed frequently, he gave up his attempt.
   ⓑ Owing to (　　) (　　) (　　) he gave up his attempt.
3. ⓐ Though he is poor, he is happy.
   ⓑ In (　　) of his (　　), he is happy.
   ⓒ With (　　) his (　　), he is happy.
4. ⓐ I am sure that he is innocent.
   ⓑ I am sure of (　　) (　　).
5. ⓐ I am fully aware that it is socially important.
   ⓑ I am fully aware (　　) its (　　) (　　).
6. ⓐ I doubt whether this report is true.
   ⓑ I doubt the (　　) (　　) this report.
7. ⓐ He was surprised to see the policeman.
   ⓑ He was surprised (　　) the (　　) of the policeman.
8. ⓐ If you observe them carefully, you'll find the difference.
   ⓑ A (　　) (　　) will show you the difference between them.
9. ⓐ They cannot measure how long this bridge is.
   ⓑ They cannot measure (　　) (　　) of this bridge.
10. ⓐ Tell me how big your dog is.
    ⓑ Tell me (　　) (　　) of your dog.

256

第16章 名詞・冠詞 Noun/Article

1. 「父が突然死んだ時，彼は学業を断念した」
    * ⓑ は「父の突然の (sudden) 死 (death) の時に」とする。
2. 「たびたび失敗したので，彼は企てを断念した」
    * ⓑ は「たびたびの (frequent) 失敗 (failure) のために」とする。
3. 「彼は貧乏だけれど幸福だ」
    * in spite of ～ ＝ with ［for］ all ～ ＝ ～にもかかわらず
4. 「私は彼が無実だと確信している」
    * ⓑ は of (前置詞) ＋名詞句 (his innocence ＝ 彼の無実)。
5. 「私はそれが社会的に重要であることを十分意識している」
    * ⓑ では of の後に名詞句 (「その社会的な重要性」) を置く。
6. 「この報告が本当かどうか疑わしい」
    * ⓑ では doubt の目的語として「その報告の真実性 (truth)」という名詞句を用いる。
7. 「彼はその警官を見て驚いた」　ⓑ at the sight of ～ ＝ ～を見て
8. 「もし君がそれらを注意深く観察すれば，相違に気づくだろう」
    * ⓑ は「注意深い観察が君にそれらの間の相違を示すだろう」という無生物主語構文。
9. 「彼らはこの橋がどのくらい長いかを測れない」
    * ⓑ は「この橋の長さ (length) を測れない」とすればよい。
10. 「君の犬がどのくらいの大きさか教えてください」
    * ⓑ は「君の犬の大きさ (size)」で表現する。

<答>　1．sudden, death　2．his, frequent, failure　3．spite, poverty / all, poverty
　　　4．his, innocence　5．of, social, importance　6．truth, of　7．at, sight
　　　8．careful, observation　9．the, length　10．the, size

第16章 Noun / Article 名詞・冠詞

72 次の各組において，A：B＝C：DとなるようにDの（　　）を適当に埋めなさい。

【A ランク】

	A		B		C		D
1.	tooth	:	teeth	=	datum	:	(　　　)
2.	hero	:	heroine	=	nephew	:	(　　　)
3.	advise	:	advice	=	know	:	(　　　)
4.	honest	:	honesty	=	long	:	(　　　)
5.	supply	:	demand	=	departure	:	(　　　)
6.	own	:	owner	=	visit	:	(　　　)

【B ランク】

	A		B		C		D
7.	Paris	:	France	=	Athens	:	(　　　)
8.	Dutch	:	Holland	=	Swiss	:	(　　　)
9.	デザイン	:	design	=	レジャー	:	(　　　)
10.	language	:	linguistics	=	star	:	(　　　)

第16章 名詞・冠詞 Noun/Article

1. 単数：複数の関係。
   急所 不規則な複数形
   - tooth → teeth（歯）　　・phenomenon → phenomena（現象）
   - mouse → mice（ねずみ）・stimulus → stimuli（刺激）
   - datum → data（データ）・medium → media（手段）

2. 男性：女性の関係
   急所 男性・女性を表す名詞
   - actor（男優）⇔ actress（女優）・nephew（おい）⇔ niece（めい）
   - bridegroom（花婿）⇔ bride（花嫁）・hero（英雄）⇔ heroine（女主人公）

3. 動詞：名詞の関係。（忠告する：忠告＝知る：<u>知識</u>）
4. 形容詞：名詞の関係。（正直な：正直さ＝長い：<u>長さ</u>）
5. 反意語の関係。（供給：需要＝出発：<u>到着</u>）
6. 動詞：その動作を行う人，の関係。（所有する：所有者＝訪問する：<u>訪問者</u>）
   急所「～する人，～者」の -er は，t の後では -or（-tor）となる。

---

7. 首都：国名の関係。（パリ：フランス＝アテネ：<u>ギリシャ</u>）
8. 国を表す形容詞：国名の関係。（オランダの：オランダ＝スイスの：<u>スイス</u>）
9. 外来語：その外来語のつづり，の関係。
10. 学問の研究対象：その学問，の関係。（言語：言語学＝星：<u>天文学</u>）

<答> 1. data　2. niece　3. knowledge　4. length　5. arrival　6. visitor
7. Greece　8. Switzerland　9. leisure　10. astronomy

第16章 Noun / Article 名詞・冠詞

73 次の各文の（　）内に入れるのに最も適当な語を下から選びなさい。

【Ａランク】

1. I have never seen him lose his (　　).
   ア．mind　イ．temper　ウ．heart　エ．control
2. It is impossible to learn so many sentences by (　　).
   ア．brain　イ．mind　ウ．memory　エ．heart
3. We express our thoughts by (　　) of words.
   ア．means　イ．way　ウ．help　エ．method
4. He played an important (　　) in the research.
   ア．act　イ．person　ウ．part　エ．work
5. What you say doesn't make any (　　).
   ア．truth　イ．sense　ウ．meaning　エ．shape
6. It makes no (　　) to me whether he wins or not.
   ア．difference　イ．sense　ウ．matter　エ．problem
7. They have been on bad (　　) with their neighbors.
   ア．relation　イ．terms　ウ．friends　エ．time
8. He felt his (　　) out of the room.
   ア．step　イ．road　ウ．way　エ．walk
9. The mere (　　) of him shocked her.
   ア．look　イ．scene　ウ．sight　エ．face

第16章　名詞・冠詞　Noun/Article

1. 「私は彼が腹を立てているのを見たことがない」
   * lose one's temper（かんしゃくを起こす）⇔ keep one's temper（平静を保つ）
2. 「そんなに多くの文を暗記することは不可能だ」
   - 急所 **learn ～ by heart** ＝～を暗記する（**memorize**）
3. 「我々は言葉によって思考を表現する」
   * **by means of** ～＝～によって
     cf. by way of ～（～経由で），by［with］the help of ～（～の助けによって）
4. 「彼はその研究に重要な役割を果たした」
   * **play a part［role］in** ～＝～において役割を果たす
5. 「君の言うことは無意味だ」
   * **make sense**（意味をなす）⇔ **make no sense**（意味をなさない）
6. 「彼が勝とうが勝つまいが私にはどうでもよい」
   * **make difference**（差が出る）⇔ **make no difference**（どちらでも同じだ）（p.191 参照）
7. 「彼らは隣人たちとずっと仲が悪い」
   * **on good［bad］terms with** ～＝～と仲が良い［悪い］
8. 「彼は手さぐりで部屋から出た」
   - 急所 **make one's way**（進む）のバリエーション
   ・**feel one's way**（手さぐりで進む）
   ・**fight one's way**（戦って進む）
   ・**push one's way**（押しのけて進む）
   ・**elbow one's way**（ひじで押しのけて進む）
     〈例〉　He worked his way through college.
        （彼は働きながら大学を出た）
9. 「彼を見ただけで彼女はぎくっとした」
   * **the mere sight of** ～は「～を見ただけで」と副詞的に訳す。

<答>　1. イ　2. エ　3. ア　4. ウ　5. イ　6. ア　7. イ　8. ウ　9. ウ

10. There were many difficulties in the (　　) of his success.
    ア．way　イ．front　ウ．contrary　エ．enemy
11. Milk will (　　) you good.
    ア．make　イ．help　ウ．get　エ．do

【Bランク】

12. The method is not good from an educational (　　) of view.
    ア．position　イ．way　ウ．means　エ．point
13. I feel at ease in her (　　).
    ア．front　イ．terms　ウ．company　エ．friend

14. I will do the work in (　　) of my brother.
    ア．back　イ．place　ウ．change　エ．turn

15. I am not in (　　) of his opinion.
    ア．agreement　イ．friend　ウ．back　エ．favor
16. The bank loaned me the money at six percent (　　).
    ア．price　イ．rate　ウ．interest　エ．addition

17. Who is in (　　) of this class?
    ア．charge　イ．teach　ウ．responsible　エ．lesson

18. Take moderate (　　) to keep in good health.
    ア．exercise　イ．sport　ウ．food　エ．time
19. He is often absent without (　　), so I will fire him.
    ア．illness　イ．fail　ウ．promise　エ．leave

第16章　名詞・冠詞　**Noun/Article**

10.「彼が成功するためには多くの困難が障害になっていた」
　　in the way of ～＝～のじゃまになって
11.「牛乳は君の身体によい」
　　do ～ good〔harm〕＝ do good〔harm〕to ～＝～に利益〔害〕を与える

12.「その方法は教育的見地から見てよくない」
　　from ～ point of view＝～の見地から見て
13.「私は彼女と一緒にいると気が安まる」
　　in one's company＝～と一緒にいると
　　cf. I enjoy my own <u>company</u>.（私はひとりでいる時が楽しい）
14.「私が兄の代わりにその仕事をしましょう」
　　in place of ～＝～の代わりに
　　cf. I will <u>take my brother's place</u>.
　　　　（私が兄の代理を務めましょう）
15.「私は彼の意見に賛成ではない」
　　in favor〔support〕of ～＝～に賛成して（for）
16.「銀行は私に6パーセントの利子で金を貸してくれた」
　　interest＝利子・利息。前置詞 at は「割合」を示す。
　　cf. <u>at</u> full speed（全速力で），<u>at</u> a high price（高値で）
17.「誰がこのクラスの担任ですか」
　　in charge of ～＝～を担当〔管理〕して　＊charge には「料金」の意味もある。
　　cf. He will <u>take charge of</u> our class.
　　　　（彼が我々のクラスを受け持つだろう）
18.「健康を保つために適度の運動をしなさい」
　　take（moderate）exercise＝（適度の）運動をする
19.「彼はよく無断で欠勤するので，くびにしよう」
　　leave＝許可。without fail（必ず）はここでは文脈に合わない。

＜答＞　10. ア　11. エ　12. エ　13. ウ　14. イ　15. エ　16. ウ　17. ア　18. ア
　　　19. エ

第16章 Noun / Article 名詞・冠詞

20. There seems to be some (　　) for improvement.
　　ア．ground　イ．room　ウ．place　エ．part
21. It is difficult to put the plan into (　　).
　　ア．reality　イ．action　ウ．movement　エ．practice

74 次の各文に誤りがあれば訂正しなさい。なければ番号に○をつけなさい。

【Aランク】

1. This my overcoat is already worn out.
　（この私のコートはもう着古して着られなくなった）
2. You may use her umbrella of that.
　（君はあの彼女の傘を使ってよろしい）
3. He struck me on my head.
　（彼は私の頭をぶった）
4. He looked at me in the face.
　（彼は私の顔を見つめた）

5. That is a too serious mistake to overlook.
　（それは大変重大な過失なので見のがすことはできない）
6. I go to school on the foot, not by the bus.
　（私はバスでなく歩いて通学する）
7. The rich is not always happier than the poor.
　（金持ちがいつでも貧乏人より幸福とは限らない）

第16章　名詞・冠詞 **Noun/Article**

20. 「いくらか改善の余地がありそうだ」
　　room ＝余地。　＊room for improvement［doubt］＝改善［疑問］の余地
21. 「その計画を実行するのは困難だ」
　　put 〜 into practice ＝〜を実行する（carry out）

1． this と my がともに冠詞相当語だから，my を of mine として後へ回す。

2． her と that がともに冠詞相当語だから，her を of hers として後へ回す。
　　You may use that umbrella of hers. 〔暗記〕

3．4． 〔急所〕「〜の腕をつかむ」型の表現
　　　・**seize**［**catch**］＋人＋ **by the arm**（〜の腕をつかむ）
　　　・**strike** ＋人＋ **on the head**（〜の頭をなぐる）
　　　・**look** ＋人＋ **in the face**（〜の顔を見つめる）
　　　・**pat** ＋人＋ **on the shoulder**（〜の肩をたたく）

5． too（副詞）は＜ too ＋形容詞＋ a ＋名詞＞の語順をとる。(p. 180参照)

6． foot や bus は「**交通手段**」を表す抽象的な名詞だから，**the をつけない**。

7． **the rich** ＝ **rich people** の意味だから，内容的には複数の人を意味し，動詞は are で受けるのが正しい。

73＜答＞　20．イ　21．エ
74＜答＞ 1．This my overcoat → This overcoat of mine　2．her umbrella of that → that umbrella of hers　3．my → the　4．looked at me → looked me　5．a too serious → too serious a　6．on the foot → on foot / by the bus → by bus　7．is → are

第16章 Noun / Article 名詞・冠詞

【Bランク】

8. His room is the double size of my room.
   （彼の部屋は，私の部屋の2倍の広さである）
9. He was elected the mayor of the city.
   （彼は市長に選ばれた）
10. Horse is an useful animal.
    （馬は役に立つ動物である）

75 次の各文の（　　）内に適当な冠詞を入れなさい。不要のときは×を記入しなさい。

【Aランク】

1. He drove his car at 100 kilometers （　　） hour.

2. I plan to visit Kyoto （　　） next week.

3. I heard someone playing （　　） guitar.
4. Meat is sold by （　　） gram.

5. Almost all （　　） students of the school live in the dormitory.

第16章　名詞・冠詞　**Noun/Article**

8．double は half や both と同様，冠詞（the）の前に置く。

9．elect の後にくる補語（**mayor**）は「**役職**」を表す抽象的な名詞だから，**the を つけない**。

10．「馬というもの（一般）」を主語として表現するときは，a horse・the horse・horses のいずれも可能である。しかし，horse が可算名詞である以上，無冠詞単数形（horse）では用いられない。

 cf.　Milk is good for health.（牛乳は健康によい）
   ＜ milk は不可算名詞＞

 cf.　I like { a cat.………× / the cat.……× / cats. ………○ }　（私は猫（一般）が好きだ）
   ＜目的語の位置＞

なお，この問いでは an は a でなければならない。useful [júːsfəl]，university [jùːnəvə́ːs(ə)ti] などは半母音（j）で始まるので，不定冠詞は a である。

1．「彼は時速100キロで車を走らせた」
 ＊**a・an** は「**〜につき**」を表す。
 〈例〉　I write to her twice a week.　（私は週に2回彼女に手紙を書く）

2．「私は来週京都を訪れるつもりだ」
 ＊「現在」が基準のときは，next, last には the をつけない。
 cf.　He visited Kyoto the next week.（彼はその翌週京都を訪れた。）
            ＜過去が基準＞

3．「だれかがギターをひくのが聞こえた」**play ＋ the ＋楽器名**（〜をひく）

4．「肉はグラム単位で売られる」　＊**the** は「**単位**」を示す。
 〈例〉　He is paid by the day.（彼の給料は日給制で支払われる）

5．「その学校のほとんどの生徒が寮に住んでいる」
 ＊of the school により限定されるので the がつく。

74＜答＞　8．the double size → double the size　9．the mayor → mayor　10．Horse → A [The] horse / an → a

75＜答＞　1．an　2．×　3．the　4．the　5．the

267

第16章 Noun / Article 名詞・冠詞

6. (　　) most students have read his novels.

7. There is (　　) egg on (　　) table.

【Bランク】

8. Birds of (　　) feather flock together.

9. The summer vacation came to (　　) end.

10. I've had (　　) bad cold since last week.

11. He is (　　) right man in (　　) right place.

12. He put salt in his cup of coffee by (　　) mistake.

第16章 名詞・冠詞 Noun/Article

6．「ほとんどの学生は彼の小説を読んだことがある」
　　＊= Almost all students ～．（「世の中のほとんどの学生～」と学生一般を指すときは the がつかない）

7．「テーブルの上に卵がある」　**There is the ～の形はない**。
　　× An egg is on the table. → There is an egg on the table.
　　× There is the egg on the table. → The egg is on the table.

8．＜ことわざ＞「類は友を呼ぶ」（直訳は「同じ羽毛をもつ鳥たちは群れをなす」）
　　＊**a** は「**同じ**（＝ the same）」を表す。
　　〈例〉　The two boys are of an age.（その２人の少年は同い年だ）

9．「夏休みが終わった」　**come to an end** ＝終わる

10．「先週からひどい風邪をひいている」　**have a cold** ＝風邪をひいている
　　cf.　I've caught（a）cold.（風邪をひいた）

11．「彼は適材適所の人物だ」
　　＊**the right man in the right place** ＝適材適所

12．「彼は誤ってコーヒーに塩を入れた」　**by mistake** ＝**誤って**

＜答＞　6．×　7．an, the　8．a　9．an　10．a　11．the, the　12．×

付録　暗記用例文一覧

第1章　動詞
1. 私の姉は外国人と結婚した。（p. 8）
2. 牛は我々に牛乳を供給する。（p. 9）
3. 私はその手紙を昨日出したことを覚えている。（p.11）
4. 彼はいすに座った。〔seatを用いて〕（p.12）
5. 彼らは彼の失敗を責めた。（p.16）
6. この時計は修理する必要がある。〔needを用いて〕（p.21）
7. 私は彼が金を支払うよう要求した。（p.23）
8. ベッドに横になりたい気分だ。（p.24）
9. お母さんによろしく。（p.26）

第2章　不定詞
10. 彼は目覚めてみると有名になっていた。（p.28）
11. 彼がカメラを列車に置いてきたのは不注意だった。（p.29）
12. そのかばんは重すぎてメアリーには運べない。〔tooを用いて〕（p.29）
13. そのかばんは軽いのでメアリーでも運べる。〔enoughを用いて〕（p.30）
14. 男の子が通りを横切るのが見えた。（p.30）
15. 彼は以前は金持ちであったらしい。（p.31）
16. 彼は自分が天才だと思っている。〔不定詞を用いて〕（p.32）
17. 君は私の命令に従いさえすればよい。〔Allで始めて〕（p.34）
18. そんな所で彼に会うとは思ってもみなかった。〔Heで始めて〕（p.34）
19. 私はその列車に間に合うように早く起きた。〔不定詞を用いないで〕（p.35）
20. 私には住む家がない。（p.39）
21. 遅れないように注意しなさい。（p.42）
22. 彼を待つより仕方がない。〔Thereで始めて〕（p.42）
23. 彼はどうしてよいかわからず途方にくれた。（p.42）

付　録　暗記用例文一覧

1. My sister **married** a foreigner.
2. Cows **provide** us **with** milk.
3. I **remember posting** the letter yesterday.
4. He **seated himself** on the chair.
5. They **blamed** him **for** his failure.
6. This watch **needs repairing**.
7. I demanded that he **pay** the money.
8. I **feel like lying** on the bed.
9. Please **remember me to** your mother.

10. He awoke **to find** himself famous.
11. It was careless **of him** to leave his camera in the train.
12. The bag is **too** heavy **for** Mary **to** carry.
13. The bag is light **enough for** Mary **to** carry.
14. I **saw** a boy **cross** the street.
15. He seems **to have been** rich.
16. He **thinks himself to be** a genius.
17. **All you have to do is（to）** obey my orders.
18. He was **the last** man I expected to meet there.
19. I got up early **so that** I **might ［could］** catch the train.
20. I have no **house to live in**.
21. Be careful **not to** be late.
22. **There is nothing for it but to** wait for him.
23. He was **at a loss what to do**.

271

第3章　分詞

24. オーストラリアで話されている言葉は英語です。（p.44）
25. 私は自分の名前が呼ばれるのを聞いた。（p.45）
26. 君は英語で話が通じますか。（p.50）
27. 私は部屋を白く塗ってほしい。（p.52）
28. 君はそれを言わずにおいた方がよい。〔leaveを用いて〕（p.52）
29. たいへん長らくお待たせしてすいません。（p.54）
30. 彼は目を閉じて音楽に耳を傾けた。（p.61）

第4章　動名詞

31. 私は彼が6時までに来ることを確信している。〔of を用いて〕（p.62）
32. 私たちはピクニックに行くのを楽しみにしている。（p.63）
33. たで食う虫も好きずき。〔Thereで始めて〕（p.66）
34. 私はこの絵を見るといつも父を思い出す。〔neverを用いて〕（p.66）
35. 私は病気のためパーティーに出席できなかった。〔Illnessで始めて〕（p.66）
36. 彼女はその知らせを聞くやいなや青くなった。〔No soonerで始めて〕（p.66）

第5章　代名詞

37. 彼が来ようが来まいが私にはどちらでもよい。〔matterを用いて〕（p.72）
38. 私が駅まで歩いて10分かかる。（p.72）
39. 東京の人口は大阪より多い。（p.73）
40. 「私は泳ぐのが好きです」「私もそうです」〔soを用いて〕（p.76）
41. 列車はあとどのくらいで出ますか。（p.77）
42. この絵をどう思いますか。〔thinkを用いて〕（p.77）
43. 私はその問題を解くのが難しいとわかった。（p.78）
44. 私は1日おきに入浴する。（p.84）
45. 「いつおじゃましましょうか」「いつでもけっこうです」（p.86）
46. この服は気に入りましたか。〔likeを用いて〕（p.90）
47. 彼は誰だと思いますか。（p.92）

24. The language **spoken** in Australia is English.
25. I heard my name **called**.
26. Can you **make yourself understood** in English?
27. I want my room **painted** white.
28. You had better **leave it unsaid**.
29. I am sorry to have **kept** you **waiting** so long.
30. He listened to the music **with his eyes closed**.

31. I am **sure of his coming** by six o'clock.
32. We are **looking forward to going** on a picnic.
33. **There is no accounting** for tastes.
34. I **never** see this picture **without** remembering my father.
35. Illness **prevented** me **from** attending the party.
36. **No sooner had** she **heard** the news **than** she turned pale.

37. **It doesn't matter** to me **whether** he comes or not.
38. **It takes me ten minutes to walk** to the station.
39. The population of Tokyo is larger than **that of** Osaka.
40. "I like swimming." "**So do I.**"
41. **How soon** will the train start?
42. **What do you think of** this picture?
43. I **found it difficult** to solve the problem.
44. I take a bath **every other day**.
45. "When shall I call on you?" "**Any time will do.**"
46. **How do you like** this dress?
47. **Who do you think** he is?

第6章　関係詞

48. 私が友人だと思っていた人が私をだました。〔whoを用いて〕（p.96）
49. 彼の言うことは何でも正しい。（p.99）
50. ほしい人ならだれにでもこの本をあげます。（p.99）
51. 戦争のない時代が来るだろうか。（p.100）
52. 父が私を現在の私にしてくれたのだ。（p.104）
53. どんなに彼らが懸命に働いても，成功することはないだろう。（p.107）

第7章　前置詞

54. そのスキャンダルが彼女から人気を奪った。（p.111）
55. 彼にはどこか上品なところがある。〔Thereで始めて〕（p.112）
56. 熱は水を蒸気に変える。（p.114）
57. 2, 3分で戻ってきます。（p.114）
58. その少年はどうなったのか。（p.122）
59. それはどういう意味ですか。（p.122）
60. そのうわさは真実であるとわかった。〔turnを用いて〕（p.128）
61. 今日の私があるのは母のおかげだ。〔oweを用いて〕（p.130）
62. 彼は学費をおじさんに頼っている。（p.130）

第8章　接続詞・時制

63. 健康の価値はそれを失ってはじめてわかる。〔Itで始めて〕（p.152）
64. 私たちはじきに再会するでしょう。〔Itで始めて〕（p.152）

第9章　形容詞

65. 彼女は幸福そうに見える。〔lookを用いて〕（p.160）
66. ジョンを説得するのはたやすい。〔Johnで始めて〕（p.164）
67. 10年たったら世の中はどうなっているだろう。〔likeを用いて〕（p.174）
68. 私の時計は故障している。〔wrongを用いて〕（p.174）

第10章　副詞

69. それは本当にしては話がうますぎる。〔tooを用いて〕（p.180）

48. The man **who I thought was my friend** deceived me.
49. **Whatever** he says is right.
50. I will give this book **to whoever** wants it
51. Will the day come **when** there will be no war?
52. My father has made me **what I am**.
53. **However hard** they may work, they will not succeed.

54. The scandal **deprived** her **of** her popularity.
55. **There is something** noble **about** him.
56. Heat **changes** water **into** steam.
57. I'll be back **in** a few minutes.
58. What has **become of** the boy?
59. What do you **mean by** that?
60. The rumor **turned out** to be true.
61. I **owe** what I am today **to** my mother.
62. He **depends on** his uncle **for** school expenses.

63. **It is not until** we lose our health **that** we know the value of it.
64. **It will not be long before** we meet again.

65. She looks **happy**.
66. John is **easy** to persuade.
67. **What** will the world **be like** in ten years?
68. **Something is wrong with** my watch.

69. It is **too good a story** to be true.

70. 私は彼女ほど美しい婦人を見たことがない。〔Neverで始めて〕（p.182）
71. もし君が行かないのなら，私も行かない。（p.185）

第11章　比較
72. 彼はクラスで一番背の高い少年だ。〔Heで始めて比較級で〕（p.194）
73. 金づちが泳げないのと同じように私は全く泳げない。（p.195）
74. 彼は学者というよりもむしろ詩人だ。（p.195）
75. 健康ほど貴重なものはない。〔原級で〕（p.196）
76. 彼は私の3倍の切手を持っている。（p.198）
77. 彼は2人の少年たちのうち背の高い方だ。（p.201）
78. 彼女は彼が欠点を持っているのでますます彼を愛した。〔forを用いて〕（p.204）
79. 我々が高く登れば登るほど，ますます寒くなった。（p.206）
80. 彼は口ごたえするほどばかではない。（p.208）

第12章　助動詞
81. 彼は金持ちだったにちがいない。（p.211）
82. 君はあの映画を見るべきだったのに。（p.211）
83. 「窓を開けてもかまいませんか」「いいですよ」（p.212）
84. 車を運転するときは，どんなに注意してもしすぎではない。（p.216）
85. 彼が自分の大学を自慢するのももっともだ。〔Heで始めて〕（p.220）

第13章　受動態
86. その赤ん坊は彼女に世話された。（p.222）
87. 彼はかばんを盗むところを見られた。（p.223）
88. 私は彼にかばんを盗まれた。（p.229）

第14章　仮定法
89. もし水がなければ，我々は生きられないだろう。〔Ifで始めて〕（p.233）
90. もし君の助けがなかったら，私は成功できなかっただろう。〔Hadで始めて〕（p.233）
91. 彼はまるで病気のような顔つきをしている。（p.233）

72. **Never have I** seen such a beautiful lady as she.
73. If you don't go, I will **not** go, **either**.

72. He is **taller than any other** boy in his class.
73. I can **no more** swim **than** a hammer can.
74. He is **not so much** a scholar **as** a poet.
75. **Nothing is so** precious **as** health.
76. He has **three times as** many stamps **as** I have.
77. He is **the taller of the two** boys.
78. She loved him **all the more for** his faults.
79. **The higher** we climbed, **the colder** it became.
80. He **knows better than to** answer back.

81. He **must have been** rich.
82. You **should have seen** that movie.
83. "**Would you mind my opening** the window?" "**No, not at all.**"
84. You **cannot** be **too** careful when you drive a car.
85. He **may well** be proud of his college.

86. The baby **was taken care of** by her.
87. He **was seen to steal** the bag.
88. I **had my bag stolen** by him.

89. **If it were not for** water, we **could** not live.
90. **Had it not been for** your help, I **could** not **have succeeded**.
91. He looks **as if** he **were** ill.

92. もう寝る時間ですよ。(p.233)
93. 私は若い頃，時間を無駄にしなければよかったのだが。(p.238)

第 15 章　話法
94. 彼は私に「僕の住所を知ってるかい」と言った。〔間接話法で〕(p.246)

第 16 章　名詞・冠詞
95. 彼は私の腕をつかんだ。(p.251)
96. 君はあの彼女の傘を使ってよろしい。(p.265)

92. **It is time** you **went** to bed.
93. **I wish I had** not **wasted** my time when young.
94. He **asked** me **if** I knew his address.
95. He seized me by **the** arm.
96. You may use **that umbrella of hers.**

英文索引

《A》

a［an］（〜につき） 267
a［an］（同じ〜） 269
a busy street（往来の激しい通り） 171
a cake of soap（一個の石けん） 248
a certain ＋名詞（ある〜） 175
a day off（一日の休暇） 121
a few minutes' walk（2，3分の徒歩） 255
a friend of mine 型の表現 251・265
a good［great］deal of（かなり［非常に］多量の） 179
a good［great］many（かなり［非常に］多くの） 175
a good［great］number of（かなり［非常に］多くの） 175
a house to live in（住むための家） 39
a large population（多い人口） 161・169
a loaf of bread（一塊のパン） 248
a lot of（多くの〜） 179
a lump of sugar（一個の角砂糖） 248
a man of one's word（約束を守る人） 179
a pair of で数える名詞 248
a piece of で数える名詞 248
a piece of advice（一つの忠告） 248
a piece of baggage（一個の荷物） 248
a piece of furniture（一点の家具） 248
a piece of news（一つの知らせ） 248
a sheet of paper（一枚の紙） 248
a slice of bread（一枚のパン） 248
a three-year-old boy（3歳の男の子） 255
an odd number（奇数）・an even number（偶数） 177
an university は誤り 267
A is familiar with B. ＝ B is familiar to A.（A＜人＞がB＜人・物＞をよく知っている） 173
A rather than B（BというよりもむしろAだ） 209
A owe B to C（AにとってBはCのおかげだ） 131

A is one thing, and B（is）another.（AとBとは別物だ） 85
A is to B what C is to D.（AとBの関係はCとDの関係に等しい） 105
absent oneself（欠席する） 23
above sea level（海抜） 119
account for（〜を説明する） 133
accuse ＋人＋ of ＋事柄（＜事柄＞で＜人＞を告訴する） 123
add up to（合計〜になる） 123
add to（〜を増す） 111・133
after（〜にちなんで） 119
after ten years' interval（10年ぶりに） 255
against（〜に反対して） 115
ago と before の区別 181・185
agree with 人［to 提案など］（〜に同意する） 141
aim at（〜をねらう） 123
alive（叙述用法）と live（限定用法）の区別 171
almost all（ほとんどの〜） 187・269
all 型の形容詞と冠詞 180
all（形容詞）と冠詞の語順 89
all（代名詞）は単数または複数で受ける 76
all but（ほとんど〜） 193
all the ＋比較級＋ because［for］（〜だからますます〜だ） 201・205
all［just］the same（それでもやはり／同じことだ） 191
All S have to do is（to）〜（Sは〜しさえすればよい） 35・41
allow for（〜を考慮に入れる） 123
allow O to do（Oが〜することを許す） 23
amount to（合計〜になる） 123
(and) yet（しかし） 189
and that（しかも） 83
another（残りのうちのひとつ） 74・85
answer for（〜を保障する） 123
any（どんな〜でも）＜肯定文中＞ 75・87
Any 〜 will do.（どんな〜でもかまわない） 87

281

英文索引

any + not の語順は不可　89
anything but（決して〜ない）　87・191
apologize to 人 for 事（＜人＞に＜事＞をわびる）　17
apply A to B（A を B に適用する）　139
apply for（〜に申し込む）　139
approach（〜に近づく）　17
approve of（〜に賛成する）　123
arrive at（〜に着く）　15
as（〜だけれども）　151
as（〜のように）　149
as（〜するにつれて）　209
as 〜 as any...（どの…にも劣らず〜）　194・203
as 〜 as ever（相変わらず〜）　203
as 〜 as ever lived（史上まれにみる〜）　203
as 〜 as possible（できるだけ〜）　199・203
as 〜 as S can（できるだけ〜）　199
as far as I know（私の知る限り）　155
as far as 〜 is concerned（〜に関する限り）　155
as 〜 go（〜としては）　27
as good as（〜も同然だ）　179
as good as one's word（約束を守る）　179
as if ＋仮定法（まるで〜のように）　149・233・239
as is usual［often the case］with（〜にはよくあることだが）　98・101
as it is［as they are］（ありのままに）　151
as long as（〜する限り／〜しさえすれば）　155
as many（同数の〜）　207
as much as（〜も）　195
as soon as（〜するとすぐに）　67
as such（そういうものとして）　85
as well as（〜と同様に，〜だけでなく）　155
ask O that 節は不可　10・19・23
ask (A) for B ((A＜人＞に) B＜事物＞を求める)　137
ask a question of 人（＜人＞に質問する）　137
ask after（＜人＞の安否をたずねる）　141
asleep 型の形容詞（叙述用法のみの形容詞）　161
at a distance（少し離れて）　119
at a high［low］price（高い［安い］値段で）　117

at a loss（当惑して）　131
at al1（全く（…ない）／一体）　191・193
(at) any moment［minute］（いつなんどき）　191
at any rate（とにかく／少なくとも）　191
at best（よくても，せいぜい）　209
at dinner（食事中で＞　119
at first hand（直接に）　193
at full speed（全速力で）　117・263
at high［six percent］interest（高い［6 パーセントの］利子で）　117・263
at least（少なくとも〜）　191・195・205
at most（多くとも，せいぜい〜）　195・205
at one's best（盛りで）　207
at one's uncle's（おじの家で）　255
at peace（平和で）　119
at school（授業中で）　119
at second hand（間接的に）　193
at the cost［expense］of（〜を犠牲にして）　117
at (the) latest（遅くても）　209
at the rate of（〜の割合で）　117
at the risk of（〜の危険を冒して）　117
at the sight of（〜を見て）　257
at war（交戦中で）　119
at work（仕事をして）　119
at worst（悪くても）　209
attend（〜に出席する）　8・17
attribute A to B（A を B のおかげ［せい］にする）　125
avoid to do は不可　21

《 B 》

be about to do（今にも〜しようとしている）　69・121
be accustomed to 〜 ing（〜することに慣れている）　69
be afraid of（〜を恐れる）　65・70
be anxious about（〜のことを心配している）　173
be anxious for（〜を切望している）　173
be anxious for 〜 to do（〜が…するのを望む）　33
be at a loss what to do（当惑してどうしてよいかわからない）　43

be aware of（～に気づいている） 65・173・256
be based on（～に基づく） 141
be + being + p.p.（進行形の受動態） 222・227
be bound for（～<場所>行きだ） 173
be bound to do（～する義務がある／きっと～する） 173
be busy ～ ing（～するのに忙しい） 51
be caught in（～にあう） 229
be composed of（～から成る） 111
be conscious of（～に気づいている） 173
be dependent on（～に頼っている） 173
be devoted to（～に専心する） 12
be different from（～と異なる） 173
be due at（～に到着する予定だ） 177
be due to（～<原因>による） 177
be engaged in（～に従事する） 123
be equal to（～する能力がある） 177
be famous as（～として有名だ） 173
be famous for（～で有名だ） 173
be fed up with（～にうんざりして） 125
be free of［from］（～（の恐れ）がない） 175
be ignorant of（～を知らない） 161・179
be in the habit of ～ ing（～することにしている） 43
be independent of（～から独立している） 173
be indifferent to（～に無関心だ） 173
be indispensable to（～に不可欠だ） 179
be inferior to（～より劣っている） 173
be interested in（～に興味をもっている） 229
be junior to（～より年下だ） 173・197
be killed in an accident（事故で死ぬ） 25
be known to A (for B)（(B<事柄>で) A に知られている） 223・231
be obliged［forced・compelled］ to do（～せざるをえない） 221
be of (the) opinion that（～という意見である） 117
be on the point of ～ ing（今にも～しようとしている） 69・121
be paid by the day（日給制で給料が払われる） 267
be particular about（～の好みがうるさい） 177
be proficient in（～に熟達している） 173

be proud of（～を誇りに思っている） 63・65
be responsible for（～に責任がある） 173
be satisfied with（～に満足している） 225
be senior to（～より年上だ） 173・197
be short of（～が不足している） 175
be sound［fast］ asleep（ぐっすり眠っている） 177・189
be starved［frozen・burnt］ to death（餓死［凍死・焼死］する） 117
be superior to（～よりすぐれている） 173
be sure of（～を確信している） 62・149・257
be sure to do（必ず～する） 179
be taught A by B（B に A を教わる） 115
be tired from［with］（～に疲れている） 173
be tired of（～に飽きている） 173
be + to do（助動詞の意味を表す） 37
be true of（～に当てはまる） 173
be true to（～に忠実だ） 173
be used to ～ ing（～することに慣れている） 69・71・219
be well［badly］ off（暮らし向きがよし、［悪い］） 189
be wide of［beside］ the mark（的はずれだ） 191
be worn out（疲れ切って） 141
be worth ～ ing（～する価値がある） 69・71・231
be worth while to do（～する価値がある） 69
be worthy of（～に値する） 173
bear ～ in mind（～を心に留める） 141
because of（～のために） 142
become（～に似合う） 27
become of（～に（～が）起こる） 123
become to do は不可 23・41
begin from ～ は不可 113
behind time（定刻に遅れて） 119
belong to（～に属する） 146
below zero（零下） 119
beside（～のそばに） 115
beside oneself (with)（(～で) 我を忘れて） 81
besides（～に加えて） 115・155
besides ～ ing（～するだけでなく） 71
between［among］ ourselves（ここだけの話だが） 81

283

英文索引

blame 型の動詞　17
blame 人 for 行為（＜人＞の＜行為＞を責める）　17
break down（故障する）　137
break into（〜に押し入る）　139
break into［to］pieces（こなごなにこわれる）　115・117
break out（勃発する）　131
break up（散会する）　139
bring about（〜を引き起こす）　111・127
bring up（〜を育てる）　127
burst into laughter（わっと笑い出す）　115
burst into tears（わっと泣き出す）　115
but（〜を除いて）　121
but for（もし〜がなかったら）　233
buy A ＜品物＞ for B ＜金＞（B を払って A を買う）　79
by（〜までに）　110・115
by accident（偶然）　193
by all means（いいですとも）　191
by bus（バスで）　265
by car（車で）　251
by chance（偶然）　193
by degrees（徐々に）　193
by far ＋比較級（はるかに〜）　201
by means of（〜によって）　261
by mistake（誤って）　269
by no means（決して〜ない）　191
by oneself（ひとりで）　73
by［with］the help of（〜の助けによって）　261
by the time（〜するまでに）　146・149
by the way（ところで）　193
by way of（〜経由で）　261
By whom 〜 ?（誰によって〜）　225

《C》

call for（〜を要求する）　129
call off（〜を中止する）　135
call on 人［at 家］（〜を訪問する）　131
call up（〜に電話をかける）　137
can, may, must の二義性　210
can の用法　210・213・215
cannot but 原形不定詞（〜せざるをえない）　39・69・221

cannot 〜 enough（いくら〜してもしすぎではない）　217
cannot have ＋ p.p.（〜したはずがない）　217
cannot help 〜 ing（〜せざるをえない）　21・39・69・221
cannot ... too 〜（いくら〜してもしすぎではない）　217
care for（〜を好む）　111・129
carry on 〜 ing（〜し続ける）　141
carry on with（〜を続ける）　141
carry out（〜を実行する）　135・265
catch ＋ 人 ＋ by the arm（〜の腕をつかむ）　265
catch sight of（〜を見つける）　133
catch up with（〜に追いつく）　111・129
cause O to do（O が〜する原因となる）　19
change A for B（A を B と交換する）　115
change A into B（A を B に変える）　115
change into（〜に変わる）　115
change trains（列車を乗り換える）　255
clear A of B（A から B を取り除く）　131
come about（起こる）　127・133
come across（〜を見つける，〜に出くわす）　127
come by（〜を手に入れる）　135
come into（〜を相続する）　135
come to an end（終わる）　269
come to do（〜するようになる）　23・41
compare A to B（A を B にたとえる／A を B と比較する）　137
compared with（〜と比べると）　61
compensate for（〜の埋め合わせをする）　137
cornplain of［about］（〜について不平を言う）　65・123
concentrate A on B（A を B に集中する）　141
congratulate ＋ 人 ＋ on ＋ 事柄（＜人＞の〈事柄〉を祝う）　123
connect A with B（A を B に結びつける）　141
considering（〜を考慮に入れれば）　61
consist of（〜から成る）　111
consist in（〜に存する）　111
contribute to（〜に貢献する）　125
convert A into B（A を B に変える）　115
count（重要である）　27
count for much（価値力寸ある）　139

count on A（forB）（（B を）A に頼る）　131
cure A of B（A の B を治す）　131
cut down（〜を減らす）　135

《D》

dawn on 人（〈人〉にわかってくる）　125
dead（完全に，全く）　191
deal in（〜を商う）　137
deal with（〜を取り扱う）　137
decide 型の動詞（不定詞のみを目的語にとる）　11
demand 型の動詞（要求・提案などを表す）　23
demand O to do は不可　10・23
demand that S（should）動詞の原型　23
depend on A（for B）（（B を）A に頼る）　131
deprive A of B（A から B を奪う）　111・131
derive from（〜に由来する）　123
deserve（〜に値する）　173
devote A to B［〜 ing］（A を B することにささげる）　71
devote oneself to（〜に専心する）　12・71
directly［immediately］（〜するとすぐに）　67・155
discuss（〜を議論する）　15
dispense with（〜なしですます）　179
distinguish A from B［between A and B］（A と B を区別する）　129
do（間に合う）　27・87
do away with（〜を廃止する）　135
do 〜 good［do good to 〜］（〜に利益を与える）　263
do 〜 harm［do harm to 〜］（〜に害を与える）　263
do nothing but ＋原形不定詞（〜するばかりだ）　39
do without（〜なしですます）　179
don't［doesn't］doubt that（〜を確信している）　149
Don't forget to do.（必ず〜しなさい）　179
dozens of（何十もの〜）　255
drive 人（〜を駆り立てる）　27
drop in（on ＋人［at ＋家］）（（〜に）立ち寄る）　125・131
dry up（干上がる）　141
dwell on（〜をくわしく論じる［考える］）　125

《E》

each other（お互い）は副詞ではない　89
each time（〜するときはいつでも）　155
easy 型の形容詞（文尾の目的語が文頭に移動する形容詞）　164・167
eat up（〜を食べ尽くす）　141
either A or B（A か B のどちらか）と動詞の呼応　89
Either will do.（どちらでもかまわない）　87
elbow one's way（ひじで押しのけて進む）　261
elect（選ぶ）の補語になる役職を表す名詞には冠詞不要　267
enjoy to do は不可　11・21
enough を含む不定詞の書き換え　30・35
enough に修飾される形容詞・副詞・名詞の語順　41・183
enter（〜に入る）　15
envy 人物（＜人＞の＜物＞をうらやむ）　17
even ＋比較級（さらに〜）　201
every・each は 3 人称単数で受ける　76・89
every other 〜（ひとつおきの〜）　85
every time（〜するときはいつでも）　155
exchange A for B（A を B と交換する）　115
exciting 型の形容詞（感情を表す形容詞）　162・167
explain to 人物（＜人＞に＜物＞を説明する）　15

《F》

fail（〜の役に立たない）　13・27
fall back on A（for B）（（B を）A に頼る）　131
far from（決して〜ない）　87・191
fast（しっかりと，固く）　189
feed on（〜を常食とする）　119
feel for（〜を手さぐりで探す）　137
feel like 〜 ing（〜したい気がする）　71
feel one's way（手さぐりで進む）　261
few（ほとんどない）と a few（少しある）　169
fight one's way（戦って進む）　261
figure out（〜を理解する）　125
find（〜を見つける）と found（〜を設立する）　25
find fault with（〜のあらさがしをする）　129
find it 形容詞 to do（〜するのは…だとわかる）

英文索引

72・79
finish 型の動詞　11・21・62
finish to do は不可　11・21
fly（飛ぶ）と flow（流れる）　13・25
for（～に賛成して）　115
for（～の割には）　115
for all（～にもかかわらず）　149・257
for nothing（無料で）　87・193
for oneself（自分で）　73・81
for the purpose of ～ ing（～するために）　34・69
forget ～ ing と forget to do　21
free（無料で）　193
from ～ point of view（～の見地から見て）　263

《G》

generally speaking（概して言えば）　61
get along（with ～）((～と)仲良くやっていく)　129
get married to（～と結婚する）　15
get O to do（O に～させる［してもらう］）　19・39
get O p.p.（O を～される［してもらう］）　46
get off（〈乗り物〉を降りる）　141
get on it（それに乗る）　185
get over（～に打ち勝つ）　133
get through with（～を仕上げる）　133
get to（～に着く）　15
get to（～に着手する）　139
get used to ～ ing（～するのに慣れる）　71
get wet to the skin（ずぶぬれになる）　117
give と provide　9
give in to（～に屈服する）　133
give up（～をあきらめる）　135・185
give up to do は不可　21
give up ～ for dead(～を死んだものと〉あきらめる）　79
give way to（～に屈服する）　133
glance at（～をちらっと見る）　141
go abroad（外国へ行く）　187
go downtown（繁華街へ行く）　187
go home（家へ帰る）　187
go ～ ing（～しに行く）　55
go into（～を調査する）　135
go on（続く）　133

go on with ＋名詞（～を続ける）　17
go swimming in the river（川へ泳ぎに行く）　110・113
go so far as to do（～までもする）　209
go through（～を経験する）　133
go to the barber's（床屋へ行く）　255
go upstairs（上の階へ行く）　187
go with（～に合う）　139
good（十分な）　177
graduate from（～を卒業する）　8・15
graduate 型の動詞（他動詞と誤りやすい自動詞）　8

《H》

had better（～した方がよい）　37・39
had better not（～しない方がよい）　219
half as many as（～の半分の数だ）　199
half the number of（～の半分の数）　199
hand down（～を受け継ぐ）　137
hand in（～を提出する）　137
hard of hearing（耳が遠い）　117
hard（きびしく）と hardly（ほとんど～ない）の区別　187
Hardly[Scarcely]had ＋ S ＋ p.p. when[before]…(～するとすぐに…)　67・153
have a cold（風邪をひいている）　269
have a (good) look at（～を（よく）見る）　177
have a (good) meal（(十分な) 食事をとる）　177
have a (good) rest ((たっぷり) 休む)　177
have a (good) sleep ((ぐっすり) 眠る)　177
have a liking for（～を気に入っている）　119
have ＋ been ＋ p.p.（完了形の受動態）　222
have ＋人＋ die（＜人＞に死なれる）　41・53
have difficulty (in) ～ ing（なかなか～できない）　55
have good [every] reason to do（～するのは当然だ）　221
have no difficulty (in) ～ ing（たやすく～できる）　55
have no idea ((～を) 知らない）　179
have nothing [something] to do with（～と関係がない[ある]）　43
have ＋ O ＋原形不定詞 (O に～させる［してもら

う]） 19・39・53・227
have ＋ O ＋ p.p.（O を〜される［してもらう］）
　　46・53・225
have one's hat blown off（帽子を吹き飛ばされる）
　　231
have one's house burnt down（家を焼かれる）
　　231
have one's purse stolen（さいふを盗まれる）
　　231
have only to do（〜しさえすればよい）　35
have to do（〜しなければならない）　213
have 〜 to oneself（〜を独占する）　81
hear from（〜からたよりがある）　139
hear it said that S ＋ V（〜と言われるのを聞く）
　　53
hear of（〜のうわさを聞く）　139
heavy traffic（激しい交通）　171
help oneself to（〜を自由に取って食べる）　81
help ＋ 人 ＋ do（＜人＞が〜するのを手伝う）
　　39
help ＋ 人 ＋ with ＋ 物（＜人＞のく物＞を手伝う）
　　15
Here we are（at 〜）.（さあ（〜に）着いた）
　　189
Here you are.（どうぞ、ここにあります）
　　189・213
high price（高い値段）　169
hit on（〜を思いつく）　125
hope for 名詞（〜を望む）　15
hope O to do は不可　10・41
How about 〜 ?（〜はいかがですか）　91・93
How about 〜 ing?（〜するのはいかがですか）
　　71・91
How come 〜 ?（なぜ〜）　27
How do you like 〜 ?（〜はいかがですか）　91
How do you pronounce 〜 ?（〜はどう発音するか）
　　91
How do you spell 〜 ?（〜はどうつづるか）　91
How far is it 〜 ?（どのくらい＜距離＞〜？）　93
How long 〜 ?（どのくらい＜時間＞〜？）　93
How long ago 〜 ?（どのくらい前に〜？）　93
How much 〜 ?（いくら＜金額＞〜？）　93
How often 〜 ?（どのくらいの頻度で〜？）　93
How soon 〜 ?（あとどのくらいで〜？）　77・93
however（たとえどんなに〜でも）　107・155

hundreds of（何百もの〜）　255

《 I 》

I'm afraid not.（そうではないと思う）　85
I wish ＋仮定法（〜ならよいのに）　235・239
if（〜かどうか）　145・157
if 以外の語で仮定の意味を表す仮定法　239
if anything（どちらかと言えば）　87
if it had not been for（もしあの時〜がなかったら）
　　233
if it were not for（もし今〜がなければ）　233
if S should（万一 S が〜なら）　237
if S were to do（もし〜ようなことになれば）
　　237
if・when の（未来を表す）節中の現在形　145
imaginative（想像力の豊かな）・imaginary（想
　　像上の）・imaginable（考えうる）の区別
　　171
immediately（〜するとすぐに）　155
immigrate（移住して来る）と emigrate（移住して
　　行く）　25
impose A on B（B に A を押しつける）　125
in（今から〜たてば）　115
in（〜を着て）　119
in1980's（1980 年代に）　255
in addition to（〜に加えて）　115
in advance（あらかじめ）　193
in case（〜するといけないので）　153
in charge of（〜を担当［管理］して）　263
In detail（詳細に）　191
in fashion（流行して）　121
in favor of（〜に賛成して）　263
in 〜 ing（〜するときには）　69・115
in itself（本来は）　81
in one's company（〜といっしょにいると）
　　263
in one's teens（十代のとき）　255
in one's twenties（二十代のとき）　255
in order to do（〜するために）《目的》　34
in place of（〜の代わりに）　263
in search of（〜を捜して）　119
in season（旬に）　121
in spite of（〜にもかかわらず）　149・257
in spite of oneself（我知らず）　81

英文索引

in such a hurry that（大変急いでいるので〜） 183
in support of（〜に賛成して） 263
in that（〜という点で） 155
in the direction of（〜の方向に） 117
in the distance（遠くに） 119
in the long run（結局） 193
in the way of（〜のじゃまになって） 263
in the world（全く（…ない）／一体） 193
in those days（当時） 83
in time（for 〜）（（〜に）間に合って） 115
in vain（むだに） 193
inform＋人＋of＋事柄（＜人＞に＜事柄＞を知らせる） 123
insist O to do は不可 23
insist on（〜を主張する） 65・123
insist that S（should＞原形 23・65
intended to have＋p.p.（〜するつもりだったのに） 211
It costs（人）金額 to do.（＜金額＞がかかる） 72・79
It doesn't matter＋疑問詞（〜はどうでもよい） 72・191
It goes without saying that（〜は言うまでもない） 37
It is 形容詞 for＋人＋to do 29
It is 形容詞 of＋人＋to do 29・33
it is convenient for［to］人（〜にとって都合がよい） 167
It is（high）time＋仮定法過去（もう〜する時間だ） 159・233・239
It is impossible to do（〜するのは不可能だ） 67
It is natural［no wonder］that S（should）〜（S が〜するのは当然だ） 215・221
It is no use［good］〜 ing.（〜してもむだだ） 67
It is not until［till］〜 that...（〜してはじめて…） 144・153・155
It is said that（〜だそうだ） 227
It is 時間 since S＋V［過去形］（S が V してから〜になる） 153
It is sure that（〜は不可 171
It is 〜 that...（強調構文） 72・79・151
It seems that S＋V.（〜らしい） 31・36
It takes（人）時間 to do.（＜時間＞がかかる） 72

It will not be long before 〜（まもなく〜だろう） 153
It would be better for＋人＋to do（〜する方がよい） 37

《J》
judging from（〜から判断すると） 48
jump to one's feet（とび上がって立つ） 117

《K》
keep A away from B（A を B から遠ざけておく） 139
keep 〜 in mind（〜を心に留める） 141
keep O from 〜 ing（O が〜するのを妨げる） 67
keep O 分詞（O を〜のままにしておく） 46・55
keep one's temper（平静を保つ） 261
keep 〜 to oneself（〜を秘密にしておく） 81
keep up with（〜に遅れずついていく） 139
knock at the door（ドアをたたく） 141
know better than to do（〜しないだけの分別がある） 209

《L》
last（続く） 27
late（故〜） 175
late（遅れて）と lately（最近）の区別 187
late for（〜に遅れて） 115
laugh at（〜をあざ笑う） 229
lay aside（〜をとっておく，貯える） 139
lay by（〜をとっておく，貯える） 139
lead［live］a 〜 life（〜な生活を送る） 27
lead to（〜へ通じる） 123
lean against（〜にもたれる） 125
learn A from B（B から A を学ぶ） 115
learn 〜 by heart（〜を暗記する） 123・261
leave（〜を発つ） 15
leave for（〜へ向けて出発する） 117
leave much to be desired（不十分である） 43
leave nothing to be desired（申し分ない） 43
leave＋O＋分詞（O を〜のままにしておく） 46
leave＋O＋un- 過去分詞（O を〜しないでおく） 53

leave out（〜を省く）　135
less 〜 than...（…ほど〜ない）　197
lest S should V（S が V しないように）　153
let ＋ O ＋原形不定詞（O に〜させる）
　　19・39・79
let ＋ O ＋ p.p.（O を〜にする）　46
Let's 〜，shall we?（〜しましょうよ）　215
lie と lay　12・25
lie in（〜に存する）　111
like A better than B（B より A を好む）　199
like so［as］many（さながら〜のように）　207
little（ほとんどない）と a little（少しある）
　　169
little, if any, 〜（まずほとんど〜ない）　87
live on（〜で暮らす）　119
long for（〜を切望する）　125
look after（〜の世話をする）　127
look down on［upon］（〜を軽蔑する）　127
look for（捜す）　127
look forward to 〜 ing（〜するのを楽しみに待つ）
　　63・69・127
look ＋人＋ in the face（〜の顔を見つめる）
　　265
look into（〜を調査する）　133
look on A as B（A を B とみなす）　133
look out for（〜に気をつける）　139
look to A（for B）（（B を）A に頼る）　131
look up（＜単語など＞を調べる）　127・137
look up at（〜を見上げる）　127
look up to（〜を尊敬する）　111・127
lose one's temper（かんしゃくを起こす）　261
lots of（多くの〜）　179

《M》

major in（〜を専攻する）　141
make A into B（A を B に作る）　115・139
make difference（差が出る）　261
make friends with（〜と仲良くなる）　249・255
make fun of（〜をからかう）　135
make（good）use of（〜を（十分）利用する）
　　177
make it a rule to do（〜することにしている）
　　43
make no difference（どうでもよい）　191・261

make no sense（意味をなさない）　261
make ＋ O ＋原形不定詞（O に〜させる）
　　19・39・141
make ＋ O ＋ p.p.（O を〜にする）　46
make one's way（進む）のバリエーション　261
make oneself at home（くつろぐ）　81
make oneself understood（話が通じる）　51
make out（〜を理解する）　111・129
make sense（意味をなす）　261
make up for（〜の埋め合わせをする）　137
make up one's mind（決心する）　133
make use of（〜を利用する）　133
many a ＋単数名詞（多くの〜）　171
marry（〜と結婚する）　8・15
marry 型の動詞　8
may の用法　211・213・215
may as well（〜する方がよい）　215
may have ＋ p.p.（〜したかもしれない）　219
may well（〜するのは当然だ）　215・221
May［Can］I 〜？に対する「いいですよ」の表現
　　213
mean（卑しい）　177
meant to have ＋ p.p.（〜するつもりだったのに）
　　219
meet（＜要求など＞に応じる）　27
mention（〜について述べる）　17
might as well A as B（B するくらいなら A する方
　　がましだ）　215
millions of（何百万もの〜）　255
mind to do は不可　11・21
mistake A for B（A を B とまちがえる）　127
more money than S can spend（使いきれない金）
　　203
more or less（多かれ少なかれ）　207
most（ほとんどの〜）　187
much ＋比較級［最上級］（はるかに［断然］〜）
　　201
much less（まして〜ない）　207
much more（まして〜）　155
must の用法　210・213・215
must have ＋ p.p.（〜したにちがいない）
　　211・217・221

《N》

name A after B（B にちなんで A に名づける）　119

289

英文索引

necessary 型の形容詞（人間を主語に取らない形容詞）　162・167
need（～する必要がある）　211・221
need not（～する必要はない）　43
need not have ＋ p.p.（～する必要はなかったのに）　211・219
needless to say（言うまでもなく）　37
neither A nor B（AもBもどちらも～ない）と動詞の呼応　89
Neither［Nor］＋ V ＋ S.（Sもまたそうでない）　76・85
never A without B［～ ing］（AするときにはいつでもBする）　67
never fail to do（必ず～する）　23
no less than（～も）　195
no less ～ than...（～に劣らず～だ）　205
no longer（もはや～ない）　207
no more than（～しか…ない）　195・205
no more ～ than...（…と同様に～ない）　195・207
No sooner had ＋ S ＋ p.p. than...（～するとすぐに…）　67
none the less ＋比較級＋ because［for］（～だがそれでもやはり…）　205
not a few［little］（多くの～）　175
not ～ all［every］（すべて～というわけではない）　89
not ～ always（いつでも～とは限らない）　89
not ～ any（ひとつも～ない）　89
not ～ any longer（もはや～ない）　207
not ～ any more than...（…と同様に～ない）　207
not ～ at all（決して～ない）　191・209
not ～ because...（～だからといって～というわけではない）　145・153
not ～ both（両方とも～というわけではない）　89
not ～ either（どちらも～ない）　89
not ～ in the least（全く～ない）　209
not less than（少なくとも～）　195・205
not less ～ than...（～に劣らず～だ）　205
not more than（多くとも，せいぜい～）　195・205
not ～ necessarily（必ずしも～とは限らない）　89

not only A but（also）B（AだけでなくBも）　155
not so［as］～ as...（…ほど～ない）　194・197
not so much as（～さえ…ない）　205
not so much A as B（AというよりむしろBだ）　209
nothing but ～（～にすぎない）　87・191
Nothing is more ～ than A.（Aほど～なものはない）　197
Nothing is so［as］～ as A.（Aほど～なものはない）　197
now（that）（今や～なのだから）　155

《O》

obey（～に従う）　17
object to ～ ing（～することに反対する）　71
of ＋抽象名詞＝形容詞　113
of an age（同い年で）　269
of importance（重要である）　113
of itself（ひとりでに）　81
... of one's own ～ ing（自分で～した…）　69
off duty（仕事が休みで）　121
on（着用して）　119
on（～に関する）　119
on duty（勤務中で）　121
on earth（全く（…ない）／一体）　193
on ～ ing〔名詞〕（～するとすぐに）　67・121・149
on either side of ～（～の両側に）　85
on foot（徒歩で）　265
on good［bad・speaking・visiting］terms with（～とよい［悪い・話をする・家を訪ねあう］間柄だ）　255・261
on purpose（わざと）　193
on the increase（増加しつつある）　119
on time（時間通りに）　115
once（いったん～すれば）　155
one after another（次から次へ）　85
one と another・other（s）　74
oneself を含む慣用表現　73
only to do（結局～に終わって）《結果》　37
order A from B（AをBに注文する）　110
others（残りのうちのいくつか）　74・85
others（他人）　85
ought to do（～すべきだ / ～するはずだ）　217

ought to have ＋ p.p.（〜すべきだったのに）　211・219
out of date（時代遅れで）　121
out of fashion（すたれて）　121
out of order（故障して）　179
out of season（季節はずれで）　121
out of the question（不可能だ）　179
out of［beyond］(the) reach (of)（（〜の）手の届かないところに）　119・121
over（〜しながら）　115
overwork（oneself）（働きすぎる）　12

《P》
part with（〜を手放す）　139
participate in（〜に参加する）　125
pat ＋人＋ on the shoulder（〜の肩をたたく）　265
pay（割に合う）　27
pay A＜金＞ for B＜品物＞（Aを払ってBを買う）　79
people（国民・民族）は可算名詞扱い　253
people present（出席者・居合わせた人々）　175
persist in（〜に固執する）　125
pick out（〜を選ぶ）　135
play a part［role］in（〜において役割を果たす）　261
play the ＋楽器名（〜をひく）　267
plenty of（多くの〜）　179
point out（〜を指摘する）　125
praise ＋人＋ for ＋行為（＜人＞の＜行為＞をほめる）　17
prefer A to B（BよりAを好む）　173・199
present（現在の／出席して）　175
present oneself（出席する）　23
pretty（かなり）　189
prevent O from 〜 ing（Oが〜するのを妨げる）　67・71・123
prohibit O from 〜 ing（Oが〜するのを禁じる）　125
propose to ＋人（〜に提案する）　15
provide ＋物＋ for ＋人（＜人＞に＜物＞を供給する）　9・15
provide ＋人＋ with ＋物（＜人＞に＜物＞を供給する）　9・15
punctual（時間厳守の）　179

punish ＋人＋ for ＋行為（＜人＞の＜行為＞を罰する）　17
push one's way（押しのけて進む）　261
put（〜を述べる）　27
put A into B（AをBに翻訳する）　115
put aside（〜をとっておく，貯える）　139
put by（〜をとっておく，貯える）　139
put down（〜を書き留める）　141
put 〜 into practice（〜を実行する）　265
put off（〜を延期する）　111・127
put on（〜を着る）　127・185
put out（＜火など＞を消す）　141
put 〜 to (good) use（〜を（十分）利用する）　131
put up at（〜に宿泊する）　141
put up with（〜に耐える）　111・129

《Q》
quite a few［little］（多くの〜）　175・189

《R》
reach（〜に着く）　15
reach（〜を手渡す）　27
refer to（〜に言及する／〜を参照、する）　131
refer to A as B（AをBと呼ぶ）　131
refrain from（〜を差し控える）　125
regard A as B（AをBとみなす）　133
regret having ＋ p.p.（〜したことを後悔する）　63・65
rely on A (for B)（(Bを) Aに頼る）　131
remember 型の動詞（動名詞と不定詞とで意味の異なる動詞）　11
remember 〜 ing と remember to do　11
remember me to（〜によろしく）　27
remind A［人］of B［事柄］（AにBを思い出させる）　67・231
rent a room（部屋を借りる）　13
resemble（〜に似ている）　17
resort to（〜に訴える）　125
respectable（尊敬しうる）・respectful（敬意を払って）・respective（おのおのの）の区別　171
result in（結果として〜になる）　137
ring up（〜に電話をかける）　137
rise（上がる）と raise（〜を上げる）　12・25
rise to one's feet（立ち上がる）　117

英文索引

rob A of B（AからBを奪う） 131
room for improvement［doubt］（改善［疑問］の余地） 265
run across［into］（〜に出くわす） 127
run over（〜をひく） 139・225
run short of（〜が不足する） 175

《S》

S had not p.p.before 〜(Sが…しないうちに〜した) 159
S is said to be.（Sは〜だそうだ） 227
S is said to have ＋ p.p.（Sは〜したそうだ） 37・227
S not V，either.（Sもまたそうでない） 76・85・185
save ＋人＋物（＜人＞から＜物＞を省く） 17
say hello to（〜によろしく） 27
scarcely 〜 when［before］...（〜するとすぐに…） 153・157
scold ＋人＋ for ＋行為（＜人＞の＜行為＞をしかる） 17
scores of（何十もの〜） 255
search for（〜を捜す） 119・139
seat oneself（すわる） 12・23
see 〜 off（〜を見送る） 185
seek after（〜を求める） 141
seem to have ＋ p.p.（〜だったらしい） 31・37
seize ＋人＋ by the arm（〜の腕をつかむ） 251・265
seldom，if ever，〜（まずめったに〜ない） 87
sell well（よく売れる） 231
send for（〜を呼びにやる） 139
sensible（分別のある）・sensitive（敏感な）の区別 171
set about（〜に着手する） 133・135
set in（始まる） 135
set off（出発する） 135
set out（出発する） 135
set up（〜を設立する） 135
settle down（落ち着く，定住する） 141
shake hands with（〜と握手をする） 255
shall の用法 210・217
Shall I 〜？（〜しましょうか） 213
Shall we 〜？（〜しましょうか） 213
share A with B（AをBと共有する） 125

should の用法 211・215・217
should have ＋ p.p.（〜すべきだったのに） 211・219
show off（〜を見せびらかす） 141
sit up（寝ずに（起きて）いる） 129
so ＋形容詞＋ a［an］＋名詞 180・183
so as to do（〜するために）《目的》 35
so ... as to do（〜するほど…だ）《程度》 35
so far（今までのところ） 191
So ＋ S ＋ V.（Sは本当にそうだ） 76・89
, so that（だから）《結果》 35
so 〜 that ...（大変〜なので…）《結果》 35
so that S may［can］〜（Sが〜するように）《目的》 35
So ＋ V ＋ S.（Sもまたそうだ） 76・85・219
some と any 75
some ＋数詞（およそ〜） 87
Something is wrong［the matter］with 〜.（〜はどこか具合が悪い） 87・175
something like 〜（〜にいくぶん似ている） 87
something of 〜（ちょっとした〜） 87
sooner or later（遅かれ早かれ） 207
sound（音／〜に聞こえる／健全な／ぐっすり＜眠る＞） 177
speak ill of（〜を悪く言う） 229
speak to（〜に話しかける） 225
speaking of（〜と言えば） 61
specialize in（〜を専攻する） 141
spend 時間〜 ing（〜して＜時間＞を過ごす） 55
spend A on B（AをBに費やす） 139
stand（〜に耐える） 27
stand by（〜を支持する） 139
stand for（〜を表す） 133
stand out（目立つ） 139
start（驚いてとび上がる） 27
start for（〜へ向けて出発する） 117
still（静止して） 191
still ＋比較級（はるかに〜） 201
still less（まして〜ない） 207
still more（まして〜） 155
stop 〜 ing と stop to do 11・21
stop over（途中下車する） 139
strictly speaking（厳密に言えば） 61
strike ＋人＋ on the head（〜の頭をなぐる）

265
substitute A for B（B を A で代用する） 125
succeed in ～（ing）（～（すること）に成功する）
　23・137
succeed to（～を継承する） 137
successful（成功した）・successive（継続した）の
　区別 171
such as ～（たとえば～のような） 85
such ～ as...（…するような～） 85
suffer from（～で苦しむ） 125
suggest O to do は不可 23
suggest that S (should) 原形 23
suggest to ＋人（～に提案する） 15
survive ＋人（～より長生きする） 17

《T》
take A for B（A を B とまちがえる） 127
take after（～に似ている） 111・127
take charge of（～を受け持つ） 263
take (good) care of（～の世話を（十分）する）
　127・177・222
take in（～をだます） 135
take ～ into consideration（～を考慮に入れる）
　123
take it for granted that ～（～を当然のことと思う）
　79
take it off（それを脱ぐ）型の表現 185
take medicine（薬を飲む） 13
take (moderate) exercise（（適度の）運動をする）
　263
take off（～を脱ぐ／離陸する） 127
take on（～を引き受ける） 141
take one's place（～の代わりを務める） 263
take part in（～に参加する） 133
take place（行われる） 231
take to（～のくせがつく） 139
talking of（～と言えば） 61
tell ＋人＋ the way（＜人＞に道を教える） 13
tell A from B（A と B を区別する） 129
tell on（～に悪影響を与える） 137
tell ＋ that 節は不可 10・19
thank ＋人＋ for ＋行為（＜人＞の＜行為＞に感謝
　する） 17
that の用法（関係詞と接続詞） 142
that 節と～ ing（動名詞）の書き換え 62

the ＋形容詞＝形容詞＋ people（～な人々）
　249・265
the ＋比較級＋ of the two（2つのうちで～な方）
　201
The ＋比較級, the ＋比較級（～すればするほど…）
　201・207・209
the instant（～するとすぐに） 153
the Japanese（日本人一般）は複数扱い 253
the last man to do（最も～しそうにない人） 35
the latter half（後半） 169
the mere sight of（～を見ただけで） 261
the moment [instant]（～するとすぐに）
　67・144・153
the news that（～という知らせ） 142
The number of ＋複数名詞, は単数で受ける
　255
the other（残りの一方） 74・85
the others（残りの全部） 74・85
the police は単数形で複数扱い 249
the reason for ～ to do（～が…する理由） 33
the right man in the right place（適材適所）
　269
the ＋序数詞＋ biggest（～番目に大きい） 209
The trouble is that（困ったことに～） 151
There is no ～ ing.（～できない） 67
There is nothing for it but to do.（～するよりしか
　たがない） 43
There is something ＋形容詞＋ about ～（～にはど
　こか…なところがある） 113
There is something wrong the [matter] with ～ .（～
　はどこか具合が悪い） 87
There is the ～の形はない 269
There used to be（かつて～があった） 217
these days（最近） 83
They say that（～だそうだ） 227
think it 形容詞 (for S) to do（(S が) ～するのは
　…だと思う） 40・43・79・151
think O (to be) C（O が C だと思う） 10・33
think of A as B（A を B とみなす） 133・151
think to do は不可 10
This is ～（speaking）.（こちらは～です） 73
This [That] is how ～（この [その] ようにして～）
　109
This [That] is why ～（こう [そう] いうわけで～）
　109

英文索引

this・last・next のつく副詞句には前置詞不要　187・267
those present（出席者・居合わせた人々）　83・175
those who 〜（〜する人々）　83
thousands of（何千もの〜）　255
three times as heavy as（〜の3倍の重さだ）　199
three times the weight of（〜の3倍の重さ）　199
translate A into B（AをBに翻訳する）　115
to に続く動名詞　63
to make matters worse（さらに〜なことには）　207
to one's ＋感情名詞（〜が〜する［した］ことには）　113・187
to the best of my knowledge（私の知る限り）　155
to whoever（〜する人なら誰にでも）　99・103
too 型の副詞と冠詞　180・265
too を含む不定詞の書き換え　29・35
toward(s)（〜ごろ，〜くらい）　117
try 〜 on（〜を身につけてみる）　137
turn down（〜を拒絶する／〜のボリュームを下げる）　129
turn in（〜を提出する）　137
turn into（〜に変わる）　115
turn off（〜のスイッチを消す）　129
turn on（〜のスイッチを入れる）　129
turn out（〜とわかる）　111・129
turn to A (for B)（(Bを) Aに頼る）　131
turn up（現れる，来る／〜のボリュームを上げる）　129
twice a week（週に2回）　267
twice as big as（〜の2倍大きい）　199
twice the number of（〜の2倍の数）　183
twice the size of（〜の2倍の大きさ）　199

《U》

under construction（工事［建設］中で）　119
under discussion（討議中で）　119
under repair（修理中で）　119
unless（もし〜でないなら）　149
up to（〜＜上の方＞まで）　117
up to date（現代的で）　121
up to the present（今までのところ）　191
use a telephone（電話をかける）　13
use up（〜を使い果たす）　141
used to（よく〜したものだ）　71・211・215・219

《V》

very と much の区別　181
visible（見える）・audible（聞こえる）　179

《W》

wait for 人 to do（＜人＞が…するのを待つ）　33
wait on（＜人＞の給仕をする）　139
want 〜 ing（〜される必要がある）　21・231
want O p.p.（Oが〜されることを望む）　53
want ＋ that 節は不可　10
want to do と want 〜 ing　21
was［were］＋ to have ＋ p.p.（〜することになっていたのに）　211・219
watch out for（〜に気をつける）　139
weather permitting（天候が許せば）　61
what（関係代名詞）の基本用法　97・105
what（疑問代名詞）と how（疑問副詞）の区別　77
What do you call 〜？（〜を何と呼ぶか）　91
What do you mean by 〜？（〜はどういう意味か）　123
What do you say to 〜 ing?（〜するのはいかがですか）　71・91
What do you think of 〜？（〜をどう思うか）　77・91
What 〜 do with...?（…をどう（処理）するか）　91
What 〜 for?（何のために［なぜ］〜）　91
what I am（現在の私）　105
what I used to be（昔の私）　105
what is ＋比較級（さらに〜なことには）　107・207
what is called（いわゆる）　105
What is 〜 like?（〜はどのようなものか）　91・175
What is the ＋尺度を表す名詞＋ of 〜？（〜の…はどのくらいか）　91
what is worse（さらに悪いことに）　207

What is wrong [the matter] with ～?（～はどこか具合が悪いのか）　87
what little ～（少ないながらもすべての～）　105
What's up?（どうかしましたか）　189
what we [they] call（いわゆる）　105
whatever（全く（…ない）／一体）　193
When ～？と現在完了は併用できない　185
whether S V or not（S が V しようがすまいが）　153
which（関係代名詞）と where（関係副詞）　95
while（接続詞）と during（前置詞）　142・149
who I think と whom I think　96・103・109
Why not?（いいですとも）　91・213
Why not [don't you]～?（～しませんか）　91
will の用法　210・217
win（～を勝ち取る）と defeat（～を負かす）　25
wind（巻く／うねる）と wound（傷つける）　13・25
wish for ＋名詞（～を望む）　15
with（もし～があれば）　121・149・239
with a view to ～ ing（～するために）　34・69
with all（～にもかかわらず）　149・257
with O p.p.（O を～した状態で）　61
with one's eyes closed（目を閉じて）　61・113
within ＋距離＋ of ～（～から…以内のところに）　117
within (the) reach (of)（(～から) 手の届くところに）　119
without（もし～がなかったら）　121・235
without leave（許可なく）　263
without so much as ～ ing（～さえしないで）　205
work for a company（会社に勤める）　137
work one's way through college（働きながら大学を出る）　261
work out（～を解く／～を考案する）　135
worry about（～を心配する）　125
would の用法　210
would like ＋人＋ to do（人に～してもらいたい）　33
would (often)（よく～したものだった）　215
would rather A than B（B するよりむしろ A したい）

39・215
Would you mind my ～ ing?（～してかまいませんか）　71
Would [Do] you mind ～？に対する「いいですよ」の表現　213

《Y》
yield to（～に屈服する）　133

295

和文索引

《あ》
相づちの表現（S もまたそうだ［でない］）　76・185
誤りやすい不可算名詞　248・253

《い》
意外な意味をもつ動詞　13

《う》
受身文の基本形　222
受身文の〈by ＋人〉の省略　223・225

《か》
過去の 1 点を表す副詞（句）は現在完了形と併用できない　159・185
過去の不成立を表す have ＋ p.p.　211
過去分詞で始まる分詞構文　47・57・59・61
過去分詞＋ as S is（なにしろ〜なので）　61
活用・意味がまぎらわしい動詞　12
仮定法過去　232・233・235・237
仮定法過去完了　232・233・235・237
仮定法過去と仮定法過去完了の混合形　237・239
仮定法現在　23・159・221・232・239
仮定法の if の省略による V ＋ S の倒置　233・235・239
関係詞の制限用法と継続［非制限］用法　96・109
関係代名詞と関係副詞の区別　95
関係代名詞と先行詞　94・101・107・109
関係副詞と先行詞　95・101
感情を表す should　211・215・217
間接受動態（have ＋ O ＋ p.p.）　229・231
間接話法　240
感嘆文　183
完了形分詞（having ＋ p.p.）　48・59
完了動名詞（having ＋ p.p.）　63
完了不定詞（to have ＋ p.p.）　31・227

《き》
期間 have passed since S ＋ V［過去形］（S が V してから〜になる）　153
疑問詞＋ do you think 〜 ?　93
疑問詞＋ to do　43
強調構文　72・79・151
強調の助動詞 do　217

《く》
句と節の書き換え　250・257
群動詞の受動態（be taken care of by 型）　222・225・229

《け》
形式［仮］主語の it　29・162・164・167
形式［仮］目的語の it　41・72・79
形容詞と前置詞の結びつき　161
形容詞の叙述用法と限定用法　161
原形不定詞　30・39・46
原形不定詞の受動態　30・39・46・223・225・227・229
現在分詞＋ as S do（なにしろ〜なので）　61

《こ》
交通手段を表す名詞には冠詞をつけない　251・265
語順に注意すべき副詞　180

《さ》
再帰代名詞　73・81
再帰動詞　12
最上級＋ that S has ever seen（S が今までに見たうちで最も〜）　185・197
最上級に the をつけない場合　195・201
最上級の強調（断然最も〜）　201

《し》
使役動詞＋ O ＋原形不定詞　30・39
使役動詞＋ O ＋分詞　46
時制の一致　159・240・245

和文索引

自動詞と誤りやすい他動詞　　8
習慣的動作を表す現在形　　147・159
集合名詞　　248・249・253
習性（〜するものだ）を表す will　　210・217
従属節中のS＋be 動詞の省略　　51
状態を表す動詞　　147
賞罰の動詞　　17
譲歩節を作る no matter ＋疑問詞　　99
譲歩（〜だけれど）を表す as　　151
譲歩（たとえ〜でも）を表す may　　211・215
叙述用法と限定用法とで意味が異なる形容詞　　175
叙述用法のみで使う形容詞　　161・171
助動詞＋ have ＋ p.p.　　159・211
所有格の『家』『店』などの名詞は省略できる　　255
所有格の後置（重複する冠詞相当語の処理）　　251・265
所有代名詞　　251
進行形にできない動詞　　147・159

《す》
数量の多少を large・small で表す名詞　　161・169

《せ》
接続詞と前置詞の区別　　142
接続詞の後のS＋be の省略　　142
接続詞を用いる慣用表現　　144
前文の内容を受ける関係代名詞 which　　98・101

《そ》
相互複数　　249・255

《た》
他動詞と誤りやすい自動詞　　8
単数・複数に注意すべき名詞　　248・253
男性・女性を表す名詞　　259

《ち》
知覚動詞＋O＋原形不定詞　　30・39・46
知覚動詞＋O＋分詞　　46
抽象名詞＋ itself ＝ very ＋形容詞　　73・81
抽象名詞の普通名詞化　　255
抽象名詞を用いた書き換え　　250・257

直接話法　　240

《つ》
通例複数形で用いる名詞　　248・253

《て》
伝達動詞　　240

《と》
同一（人）物中の性格［要素］同士の比較　　194・201
同格節を導く that　　63・65・142・149
動詞に続く要素　　10・11
動詞＋副詞の間に代名詞の目的語を置く形　　79・185
動名詞の意味上の主語　　63・71
動名詞のみを目的語にとる動詞　　11・21
時・条件の副詞節中では現在形で未来を表す　　145・157
特殊な関係代名詞（as・than）　　98・101
独立分詞構文　　47・57・59

《に》
二重目的語　　9
人間を主語に取らない形容詞　　162・164・167

《は》
倍数表現　　183・199
派生語（名詞形など）　　259

《ひ》
比較級＋ than any other（他のどの〜よりも…）　　194
比較級に the がつく場合　　201
比較級の強調（ずっと，はるかに〜）　　201
比較対象の省略　　203
比較を含む書き換え　　194
比較を含む慣用表現　　195
否定・疑問を強調する副詞（句）　　193
否定語はなるべく前に置く　　89・227

《ふ》
不可算名詞　　248・253・255
不規則な複数形　　259
複合関係詞（〜 ever）　　99・103

副詞の強調によるV＋Sの倒置　144・183・
　　215
付帯状況を表すwith　61・113
物質名詞　248
不定詞の意味上の主語　29・33
不定詞の3用法　28・37
不定詞の省略形　43
不定詞の否定形（not to do）　37・41・43
不定詞のみを目的語にとる動詞　11
不定詞を含む書き換え　29
部分否定と全面否定　89
普遍的事実を表す現在形　159
分詞構文　46・57・59
分詞の意味　45
分詞の限定用法　44・51・53・55
分詞の叙述用法　44・45・51・53

《へ》
変化の結果を表すinto　115

《ほ》
補語となる形容詞　160・169
補語（形容詞）をとる主な動詞　160

《み》
未来完了形（will have ＋ p.p.）　157

《む》
無意志動詞　147・159・210
無生物主語　257

《め》
名詞の反復を避けるone　74・83
名詞の反復を避けるthat・those　73・83
命令文, and...（〜しなさい，そうすれば…）
　　153
命令文, or...（〜しなさい，さもないと…）
　　153

《わ》
話法の基本形　240

編著者について

小池直己（こいけなおみ）

広島大学大学院修了。カリフォルニア大学（UCLA）の客員研究員を経て、就実大学人文科学部実践英語学科ならびに同大学大学院教授。NHK教育テレビ講師を務めた。著書に『英会話の基本表現100話』（岩波書店）、『TOEIC®テスト英単語最速チャージ』、『TOEIC®テストイディオム最速チャージ』（以上ジャパンタイムズ）、『TOEIC®テストの英文法』（PHP研究所）など多数ある。「放送英語の教育的効果に関する研究」で日本教育研究連合会より表彰を受ける。

佐藤誠司（さとうせいし）

1981年東京大学英文科卒業。現在(有)佐藤教育研究所を主宰。著書に『入試英文法マニュアル』、『ニュース＆ビジネス・サプリメント』、『リーディングのための英文法』（以上南雲堂）、『使える英語の基本』（宝島社）、『TOEIC®テストビジュアル英単語』（ジャパンタイムズ）など多数ある。

著作権法上、無断複写・複製は禁じられています。

実践英文法 FOCUS（フォーカス）　〈G-151〉

1 刷	2009年10月20日	
3 刷	2016年 2月 2日	
著 者	小 池 直 己	
	佐 藤 誠 司	
発行者	南 雲 一 範	
発行所	株式会社　南雲堂	

〒162-0801　東京都新宿区山吹町361
NAN'UN-DO Publishing Co.,Ltd.
361 Yamabuki-cho, Shinjuku-ku, Tokyo 162-0801, Japan
振替口座：00160-0-46863
TEL: 03-3268-2311（代表）／FAX:03-3269-2486
編集者 TA

印刷所	株式会社木元省美堂
製本所	有限会社松村製本所
装 丁	銀月堂
検 印	省　略
コード	ISBN978-4-523-25151-4　C0082

Printed in Japan

E-mail　nanundo@post.email.ne.jp
URL　http://www.nanun-do.co.jp

本書は『英語頻出問題の総整理』のリニューアル版です。

CD 2枚付

ズバリ！よく出る英単語はコレダ！

単語と文法を一冊で学習できる

《ズバ単》
新TOEIC®テスト
ズバリ出る英単語ファイル

三原　京　著　A5判並製　296ページ　定価（本体2000円＋税）
赤チェックシート付
ISBN 978-4-523-26482-4

特長

- リスニングに頻出する動詞・名詞・形容詞・副詞を、文例を含めてCD2枚に収録。
- リスニング頻出語句・ビジネス頻出語句・日常生活頻出語句に覚えやすく分類した。
- 「文法のまとめ」を各項目ごとに入れて、文法学習も出来るようにした。

南雲堂　〒162-0801 東京都新宿区山吹町361　TEL 03-3268-2384
URL http://www.nanun-do.co.jp　　　　　　　FAX 03-3260-5425

TOEIC界最強の『でる単』・『でる熟』です！

学習に便利な赤色チェックシート付

梅本　孝著

新TOEIC® テストズバリ頻出盲点英単・熟語
《モウ単》

A 5 判並製　252ページ　定価(本体1,400円＋税)
ISBN978-4-523-26485-9

およそ10年間におよび公開TOEICテスト会場責任者を務めた著者が送る新TOEICテスト英単語・熟語集。TOEICテストの会場責任者だからこそわかる頻出盲点が満載です！！

南雲堂　〒162-0801 東京都新宿区山吹町361　TEL 03-3268-2384
URL http://www.nanun-do.co.jp　FAX 03-3260-5425